改訂　保育士をめざす人の社会的養護Ⅰ

辰己　隆・波田埜英治　編

『改訂　保育士をめざす人の社会的養護Ⅰ』

執筆者紹介（五十音順）　〇＝編者

小川 英彦（至学館大学）………………………………　第2章

太田 敬子（鎌倉女子大学短期大学部）……………　第7章

〇辰己 隆（関西学院大学）………………………………　第9章

伊達 悦子（元作新学院大学）…………………………　第1章

〇波田埜 英治（関西学院短期大学）…………………　第6章

福田 雅章（社会福祉法人 養徳園）………　第3章、第8章

藤瀬 竜子（新潟青陵大学）……………………………　第5章

村田 久（目白大学）………………………………………　第4章

イラスト……溝口ぎこう

は・じ・め・に

1947(昭和22)年の児童福祉法制定から今日までのおよそ80年の間に、社会は大きく変遷し、その変遷とともに家庭と子どもの状況も大きく変わった。

児童福祉法制定当時の児童の福祉は「浮浪児対策」が中心で、社会的養護としての施設養護はその中核でもあった。そして、施設養護の課題は衣食住の確保にあったといっても過言ではない。

翻って今日の施設には「親のいない子どもは珍しい」とまでいわれる。家庭機能の崩壊、被虐待児童の増加がそれを裏付けているのだが、そのことは施設における養護が大きく変化しなければならないことを意味している。

施設が「生活の場」であることに今も昔も変わりはないのだが、かつてのwelfareといった保護的視点ではなく、well-beingという個の視点に立った生活の保障、つまり発達や学習の保障、人権の保障へと大きな質的転換が求められているのである。子どもが独立した人格をもつひとりの人間として育っていくこと、そのことが保障されていること、これらは日々保育士が行う養護実践の前提となるものである。

今、子どもを取り巻く状況の厳しさへの対応として法の整備が行われ、施設養護にも日々新たな施策が導入されている。子どもの権利ノートの配布をはじめ、第三者評価制度、情報公開、苦情解決、権利擁護システムの構築など多様である。2016(平成28)年の児童福祉法改正、2017(同29)年の「新しい社会的養育ビジョン」では、社会的養護が必要な児童を可能な限り家庭的な環境において安定した人間関係のもとで育てることができるよう、施設ケア単位の小規模化、里親やファミリーホームでの養育を推進することとなっている。そして、これらの諸制度に付け加えなければならない重要なことは、子どもたちのよりよい育ちを担うべく社会的養護の最前線にいる保育士自身の存在である。

これらに伴い本書では、新しい時代の社会的養護理論を保育士の視点で学べるよう、そしてさらなる専門性の向上が子どもたちを自己実現の道へと導くことに思いを託すと同時に、保育士をめざして学ぶみなさんに、社会的養護の意味の深さを学びとって頂けるよう心より願う次第である。

最後に、本書の編纂にあたり、㈱みらいの荻原氏、三浦氏、山田氏にご尽力いただいた。この場を借りてお礼申し上げる。

2023年12月

編　者

目　次

第7章　家庭養護の種類と特徴

第8章　施設の運営

第9章　児童福祉施設の支援者としての保育士

第1章

◆　◆　◆　児童養護と保育士　◆　◆　◆

キーポイント

　「児童養護施設」は、その歴史をたどると明治初期、幾多の宗教家などによって創設された「孤児院」にたどり着く。当時は、文字通り「孤児」のための施設であった。戦後、児童福祉法の制定により施設は法に基づいて整備されたが、当時は戦災孤児をはじめとした子どもたちの衣食住の保障が急務であった。

　今、児童養護施設にいわゆる「孤児」はほとんどいない。親とともに暮らせない子どもが大半であり、その多くが被虐待児童である。親子関係をはじめとした人間関係の破綻、家庭崩壊といった経過の中で、「心に傷を負った子どもたち」に焦点をあてた社会的養護が、保育士には何より求められている。施設に暮らす子どもたちが、これまでに経験した不適切な人間関係を考えると、彼らの心のよりどころとして、また、「生きる力」「自立する力」を培う上で、彼らの生活にもっとも身近に存在する保育士に期待するものは限りなく大きいからである。

　ここでは、児童養護における社会的養護の意義と保育士の役割、養護実践の課題などについて学習する。

1　児童養護の意味

1. 家庭養育と社会的養護

　児童養護の問題を考える場合、密接にかかわってくるのは家庭機能の問題、とりわけ子どもを育てる（家庭養育）機能の脆弱化の問題である。これは、子どもたちの育ちを阻害するという点で、彼ら一人ひとりの人生にとって深刻な状況を招きかねない事態である。

　かつて、児童養護施設に入所してくる子どもは、親との死別や病弱、貧困など、ある種限定された問題を抱えていた。しかし今では、養育困難や養育放棄などの「養育が不適当」と判断される事例が増えている。また、施設入

所に至らない場合でも、学校などが「家庭で生活することが適切でない」と判断する事例も多く報告されている。

「養護」は「養育」と「保護」を統合した意味をもっているといわれる。前述したように、「養育」は主として家庭養育を指して使われることが多いので、親による養育（家庭養育）までを含むものともいえよう。それらのことから、児童養護は広義には子どもの成長過程、つまり生物的過程から社会的存在に至る全過程において、親とともにすべての大人たちが役割を担う重要な概念である。

これとは別に、家庭機能を代替する生活の場で行われる養護がある。社会的養護と呼ばれるもので、乳児院や児童養護施設などで行われている施設養護や、家庭における養護を公的に支援・補完して子どもの生活や治療面のケアを行う家庭的養護などがある（第4章p.76　図4－3参照）。

子どもがどのような状態にあろうともその育ちを支援すること、そして親をはじめとした保護者がどのような状態にあろうともその養育を支援し、補完していくこと（社会的養護）は、国・地方公共団体をはじめとした、すべての大人の重要な責務である。そして、その多くは児童福祉施設が担う機能の根幹であることを考えると、保育士の職責の重大さが納得できるであろう。

2．社会的養護が求められる背景

子どもの成長発達にとって、基本的には家庭が第一義的機能を果たし、加えて地域社会がそれを支援、補完する機能をもつことが大切である。したがって、私たちの社会がさまざまな子どもや家庭の状況に応じて、社会的養護が機能する仕組みをもつことは当然のことである。しかし、子どもたちが安心して「いのち」と「生活」を委ねることのできない現実がある。日々報道される児童虐待、不登校児童の増加、非行の低年齢化などは、子どもの成長発達を阻害する要因がどれほど多いかを物語るものである。ことに虐待の問題では、「児童虐待の防止等に関する法律」（2000（平成12）年）が制定されても、子どもの虐待件数は増加の一途をたどっており、「親がいれば子は育つ」とはいかない時代になったと思わざるをえない。

社会の複雑化、地域社会のつながりのもろさ、小家族化など家庭生活の基盤の危うさは、子どもをも巻き込んで家庭の解体、家族の崩壊へと突き進んでいく。解体や崩壊に至らない場合にも、恒常的な緊張状態の中で大きな不安や傷を抱えて生活している子どもは多い。この子どもたちの生存と生活、発達を保障することは社会的養護の目的であり、同時に使命でもある。

　かつて児童福祉施設は衣食住の生活保障が中心であった。しかし、1997(平成9)年の児童福祉法改正において、養護施設が児童養護施設に名称変更され、同時に「自立を支援することを目的とする」として、自立支援がその目的の一つに位置付けられたことの意義は大きい。施設で生活する子どもにとって、生きる力を獲得することは大きな課題である。生きる力、自立は日々の生活を通して、さまざまな経験を経て獲得するものである。その意味で施設ケアの中心的存在であり、子どもの生活に密着している保育士の果たす役割は大きい。

2　社会的養護がめざすもの

1．社会的養護の視点と目標

(1)　社会的養護の視点

　家庭での育ちを断ち切られた子どもたち、成長発達を阻害された子どもたちには、それに代わる場が用意される。児童養護施設をはじめとした児童福祉施設、里親家庭などである。里親等による家庭養護は第7章に譲って、ここでは施設型の社会的養護について考えてみたい。

　私たちの社会では、ほとんどの子どもは家庭で親をはじめとした家族とともに生活し、その生き方を見ながら、近隣とのつきあいも含めて生きるために必要な術を学びつつ、やがて大人になっていく。

　家庭での養育では、格別意図的であったり計画的であることは少ないであろう。日々、家族とともにあることで、必要なこともそうでないことも見聞きし、覚え教えられながら社会的な大人へと育っていく。

　施設で暮らす子どもの場合、家庭でのこのような営みを経験できないという点で社会的不利益を抱えているといえる。加えて、わが国の施設の形態は大舎制*1が象徴的であるように、「集団」優先の生活になりがちである。施設に限らないことであるが、集団は規模が大きくなるほど個人性は背後に追いやられ、管理的要素が強くなりがちである。そこで、施設そのものの養護目標とは別に、集団のもつ力を活用しつつ、それぞれの子どもの「よき育ち」のための目標と視点が求められてくる。

*1　大舎制
　1養育単位あたり定員数が20人以上であること。なお「中舎」は13〜19人、「小舎」は12人以下、「小規模グループケア」は6人程度となっている。

⑵　社会的養護の目標

　施設で暮らす子どもについて、「暴力的だ」「学力が低い」と評されることはよくある。だが、彼らがこれまでの育ちの中で、人としての尊厳をどれだけ守られてきたであろうか。周囲から、「よく生きる」ためにどれだけの関心と配慮を受けたであろうか。自らの力を蓄え、発揮するどれだけの場とチャンスに恵まれたであろうか。これらのことを考えると、彼らの育ちに必要な社会的養護の目標が自ずと明確になってくる。

　① 　衣食住の保障

　まずは、人としての尊厳が脅かされない「衣食住」の保障である。子どもの権利条約が明示する「最善の利益」の考え方に基づき、よりよい人間形成の基礎となる生活の質の確保に努めることである。ことに「住」の問題に関しては「一人になる」ことの意味に思いを巡らし、子どものプライバシーを尊重することが求められる。

　② 　文化を享受する権利の保障

　子どもたちは、すでに施設に入所する以前から発達に必要な環境を阻害されていることが多い。「学力が低い」とか「学ぶ意欲に欠ける」といわれることも、また「他者とのよい関係をつくる力がない」といわれるのも、これまでの環境条件がもたらしたものといえよう。

　関心をもってくれる大人に存在を守られ、社会の誰もが享受できる文化は施設で暮らす子どもたちも享受できる、そのような権利を保障すること。このことは、自己を信頼し、やがて自己の能力を開発していく力、精神文化的生活への志向を高めるための前提となる。

　③ 　人間形成（人間性の回復、新たな自己概念の形成）への保障

　施設で暮らす子どもたちの対人態度にはある特徴がある。施設の職員から「ひねくれ」「頑固」と表される子どもたちの存在である。しかし、入所以前の生活の中では、期待を裏切られたり傷つけられたりする経験をどれほど重ねてきたであろうか。「相手と折り合う能力」（協調性）は、相手への期待があってこそ獲得できる。同時に周囲からの期待があってこそ、自己変容は可能である。障害児施設において療育が主たる目標であるのと同様に、養護の開始は人間形成に向けた心理的ケアと発達への支援の開始と考えたい。

2．社会的養護実践の課題

(1)　施設における権利擁護

　2000（平成12）年に社会福祉基礎構造改革が行われ、施設に苦情解決制度を設けることが社会福祉法（社会福祉事業法の改正）で規定された。この制度が誕生した背景には、マスコミにも大きく取り上げられた恩寵園*2や鎌倉保育園*3など、児童養護施設における体罰をはじめとした人権侵害の問題がある。そのことから利用者（入居児童）の権利擁護のシステムを構築し、解決をはかる制度がスタートしたのである。もちろん、その前提として「子どもの権利条約」（第3章「子どもの権利」参照）の発効がある。

　苦情解決制度はそれぞれの施設ごとにつくられる（利用者がサービスの不満などの苦情を申し入れ、第三者委員を含めた場で解決をはかる）ことになっている。解決が困難な場合には、都道府県社会福祉協議会に設置されている運営適正化委員会が申し出を受けて、調査や助言を行う仕組みになっている（第8章p.153　図8-3参照）。

　また、施設で暮らす子どもたちがこれらの制度を理解し利用できるように、「子どもの権利ノート」といった手帳や、施設が独自に作成したリーフレットなどを配布している。不満や苦情として訴えられるものが権利の侵害が疑われる部分であると考えると、現場で直接ケアに携わる保育士にとってこの問題は極めて重要なことである。そこで、オンタリオ州子ども家庭サービス・アドボカシー事務所（カナダ）が子どものために作成した『子どもの権利ハンドブック』の項目と内容の一部を次頁（表1-1）に紹介したい（抜粋。一部、本文を記載）。

　わが国においても、都道府県単位で取り組んでいる児童養護施設ケア基準や児童養護施設運営指針・サービス評価基準がある。ケア基準では「人権と尊厳を尊重する姿勢」「最善の利益の追求」「愛されていると実感できる個別的関係の形成」など入居児童へのケアの理念について述べられているが、一貫して「子どもの権利条約」の理念に裏打ちされていることがわかる。

　このことはサービス評価基準に関しても同様であるが、そのほかにはこれまであまり児童養護に関しては取り上げられることの少なかった「自立支援」「家族関係の再構築」などの分野が対象に組み込まれてきており、今後の社会的養護において充実したケアプラン（自立支援計画）の作成が期待される。

＊2　恩寵園
　千葉県にある児童養護施設。施設長による体罰に耐えかねた入所児童が、集団で逃げ出し、児童相談所に保護を求めた事件が報道された。

＊3　鎌倉保育園
　神奈川県鎌倉市の児童養護施設。職員による軟禁や虐待が明るみになり、県より施設運営および処遇改善勧告が出された事件が報道された。

表1-1　『子どもの権利ハンドブック（カナダ・オンタリオ州）』[1]

1．子ども家庭サービス法における子ども福祉機関の責任
　　子ども福祉機関は、あなたの最善の利益を守るためにあります。
　　子ども福祉機関は、あなたの権利を保障し、安全な住居を提供する責任があります。ここでいう住居とは、可能な限り一般家庭に近い環境のことです。衣食から援助、そしてカウンセリングにいたるまで、子ども福祉機関はあなたの成長を手助けします。

2．「権利」とは？
　　権利とは法律のようなものです。権利はあなたを護ってくれます。あなたの権利はあなたのものです。誰もそれを奪うことはできません。知っていますか？権利はあなたの役に立つのです。

3．あなたの権利を知っておこう

4．これらがあなたの権利です…適切な言語で説明を受ける権利
　　あなたの権利があなたの理解できる言葉で説明されているかを確認しましょう。

5．あなたには聴いてもらう権利があります

6．人はそれぞれ個性をもっています
　　あなたが先祖から引き継いだもの、性格、そしてあなた自身の経験があなたという人間を形成しています。どこに住んでいても、個人のニーズにあった援助を受ける権利があります。つまり、みんな同様の機会をもち、同様のサービスを受ける資格があるということです。

8．あなたは言葉による辱めや身体的な暴力を受けない権利があります

9．ルールやしつけ、責任を理解する権利
　　もし自分の守るべきルールがわかっていなければ、それは本当にかっこいいとは言えません。あなたは自分の住んでいるところの規則を理解していなければいけません。そして、もしその規則を破ったらどうなるかを知っておくべきです。それが公平なことなのです。

13．あなたにはプライバシーへの権利があります

15．あなたのケア計画
　　あなたには自分のケア計画の作成に参加する権利があります。

16．あなたにはアドボカシー事務所に連絡を取り、不服を申し立てる権利があります

23．あなたの責任とは
　　自分の住んでいるところが安全で、かつそこで物事がうまく行くようにするためにはルールに従わなければなりません。自分の住んでいるところのルールを知っておくことはあなたの責任です。ルールを破るとどうなるかを知ることもあなたの権利です。知らなければ、自分の選択した行動に対して責任を取ることはできないからです。

24．あなたのワーカーに話してみよう

出典　高橋重宏「心の故郷と実感できる施設運営・サービスの提供を」側垣一也編『季刊児童養護』Vol.31　No.1　全国児童養護施設協議会　2000年　pp.18-19より抜粋、作成

(2)　里親制度等の活用

　里親制度は、家庭での養育が困難または受けられなくなった子ども等に、温かい愛情と正しい理解をもった家庭環境のもとでの養育を提供する制度である。家庭での生活を通じて、子どもが成長する上で極めて重要な特定の大人との愛着関係の中で養育を行うことにより、子どもの健全な育成をはかる。

　里親家庭に委託することにより、

①　特定の大人との愛着関係のもとで養育されることにより、自己の存在を受け入れられているという安心感の中で、自己肯定感を育むとともに、人との関係において不可欠な、基本的信頼感を獲得することができる。

②　里親家庭において、適切な家庭生活を体験する中で、家族それぞれのライフサイクルにおけるありようを学び、将来、家庭生活を築く上でのモデルとすることが期待できる。

③　家庭生活の中で人との適切な関係の取り方を学んだり、身近な地域社会の中で、必要な社会性を養うとともに、豊かな生活経験を通じて生活技術を獲得することができる。

というような効果が期待できることから、社会的養護においては里親委託を優先して検討することとなっている。種類として、養育里親、専門里親、養子縁組里親、親族里親があげられる。また、専任の養育者の住居で、要保護児童5〜6人を受け入れて一定期間養育をする小規模住居型児童養育事業（ファミリーホーム）も活用されている。

3　保育士が社会的養護を学ぶ視点

1. 心の声に耳を傾けて

(1)　語りたい思い

　児童養護施設での生活は人為的であり、かつ不連続的である。親がいて子どもが生まれる、顔ぶれがいつも同じという家庭の暮らしとは大きく異なるところである。「私」はたまたまその施設に入居しているメンバーの一人にすぎない、ということにもなりかねない。

　かつて出会った小学生は、里親家庭か施設かの選択に際してこのように言った。

「施設にします。大勢の子に紛れて居られるので、里親さんのところより気楽だと思うから」と。

　以前の施設生活と親戚との生活とを比較しての実感だという。本当のところはどうだろうか。「その他大勢」の一人という立場を私たちは望むであろうか。

　『子どもが語る施設の暮らし』[2]『子どもが語る施設の暮らし2』[3]『児童養護施設の子どもたちはいま』[4]『児童養護施設という私のおうち』[5]には施設に暮らす、あるいは暮らしたことのあるたくさんの人たちの作文が掲載されている。今抱えている心の傷、今も抱えている心の澱（おり）、あの頃抱いていた親たちへの渇望、保育士への期待、さまざまの思いが伝わってくる。それぞれが心の中に語りたい、語る必要のあるたくさんのことを秘めていたのだと知る。そうした心の声に耳を傾けることは、保育士としての大切な専門性といえるだろう。

(2)　一緒に喜んでもらいたい

　施設で暮らす子どもたちに「どのようなとき先生を嫌いになるか？」と問うと、「頼んだことをしてくれないとき」と言う。では、「先生に望むことは？」と問うと、「うれしいとき一緒に喜んでほしい」と言う。

　前者は機能的関係であるが、後者はまさしく情緒的関係、共感的関係への期待である。前述した小学生のことばからわかるように、施設での自分の位置をとらえることに困難が伴うことはしばしばである。その結果、自己の不安定感も含めて、対社会的、対人的に萎縮した態度を招く可能性があることに、保育士は配慮する必要がある。

　施設で暮らす子どもたちは、その生活の歴史からして人間関係には敏感になりやすい。人間関係をつくることへの不安、傷つくことへの極度の警戒心も、それまでの体験を考えれば納得のできるところである。加えて、集団生活の中での人間関係の複雑さ、自己の社会的境遇、現に施設で生活しているという事実、これらのことを受容していくためには保育士の意図的努力が欠くことのできない要件といえよう。

2．生活することの意味の深さ

　乳児院、児童養護施設などでの施設養護の中心は「生活する」ことにある。このことは、障害児施設においても同様である。障害児施設はその中心が「療育」であるが、これも狭義の療育を除けばその基盤は生活にある。

　生活とは実に細々とした日常そのものである。家庭生活について考えてみると、生活の多くは意図的ではない。もちろん、親が意図的に行うしつけもあるが、ほとんどは生活のさまざまな場面を通して人とのつきあい方、社会的な規範、行動の仕方などを身につけ、やがてそれらは健康、金銭などの自己を管理する力となっていく。

　ところが施設での生活の場合、保育士と子どもの関係は、家庭での親と子のようなわけにはいかない。年齢の幅の大きい子どもたちが大勢でともに生活する場合、個別的関係はつくりにくいので、生活は最大公約数的なものになりがちである。そのため、低年齢や高年齢の子どもに焦点をあてることが困難な場面も生じやすい。したがって発達に見合った生活経験、個別の課題に見合った生活経験をどのように準備できるかということを、保育士は常に考えていく必要がある。また、「発達の課題を準備する」ことは、保育士自身の発達課題でもある。

　施設は、ややもすると一般社会の埒外（らちがい）に位置付けられやすい。一般社会の人たちが施設に関心を寄せ、理解する機会は極めて少ないのが実情であろう。そのこともあって、施設で暮らす子どもたちが、私たちが生活している社会の文化を享受する機会は格段に乏しくなる危険性をもっている。

　そこで保育士は、文化を取り込むだけでなく、一般社会との接点や交流を意図的に設定する意識をもつ必要があるだろう。子どもたちがやがて飛び立っていく社会に向けて、施設は開かれていなければならない。そのためには、子どもたちは、この社会を構成する一人のメンバーとして、文化的にも精神的にも質的に豊かな生活を保障される必要がある。その第一線を担うのが保育士である。

3．生きる力を獲得するために

　わが国では、家庭は社会を構成する基礎的単位の一つだといわれる。しかし、家庭を代替する児童福祉施設の半数は大規模で、家庭的養護の実現には困難な課題が多い。一方で、グループホーム等、施設の小規模化は推進されつつあるが、家庭養護の場としてもっとも期待される里親委託は少数である。

　こうした実情をみると、施設の子どもたちが、人の育ちを担う場である「家庭」や「家庭生活」を自らの中に取り込むことのむずかしさを痛感しないわけにはいかない。それは、やがて人と出会い、家庭生活を営み、子を育てるときの大きな支障となっている。それほどに、家庭的養護を通しての育ち、生きる力の獲得は、社会的養護の大きなテーマである。

　1999（平成11）年の日本子どもの虐待防止研究会・重点研究プログラム「少年犯罪・非行の背景としての虐待」[6] によれば、「彼らの処遇を行う上で被虐待体験を扱うことは不可欠である」として、反復的に虐待を受けた子どもの特徴として「外界を驚異的なものとして受け止める」「他者や環境を信頼する能力を欠く」「自己価値の評価が低く無力感が強い」「感情調整が不良」などをあげている。

　これは非行少年ばかりでなく、一般の思春期にある少年たちにも共通する問題ではないかと指摘した上で、「親が自分のことをどう思っているのかわからない」など、親から当然払ってもらってよい関心を払ってもらえない不満を訴える例が多いとしている。

　これらのことは社会的養護の実践に際しても学ぶべき点が多い。他者との関係を通して人は育つのであり、そこには欲求不満の体験や、悲しい・悔しいといったネガティブな感情体験も当然含まれる。そうした体験を経ながら自己表現力やコミュニケーション能力を高め、他者と折り合う能力も獲得する。

　施設で暮らす子どもたちは、家族との関係という点においてしばしば挫折や葛藤、喪失感を体験しているはずである。そのことをあいまいにせず、施設に暮らす子どもたちの発達的危機としてとらえ、課題を直視する必要がある。

　ただ、この課題を子どもが一人で抱えることはあまりに辛い。そこで、保育士には、課題に向き合う苦しい作業の同行者になることが求められる。これらのプロセスを経て、子どもたちは未来を志向し、生きる力を獲得していくといえる。

　以上に述べたように、人の育ちにかかわる職業である保育士の責任は大き

い。人にかかわる職業とは「他者の歴史をつくることに関与する」からである。そして、保育士という責任の重い職業意識を支えるものは、自らが「感性に富んだ人間」への努力を続けること、子ども一人ひとりの歴史をつくる一員としての自覚をもつことである。

　そのことを考えると、子どもたちの育ちを担う立場にあるということが、保育士である自分自身の人としての育ちに連なるものであるともいえる。

〈引用・参考文献〉

1）高橋重宏「心の故郷と実感できる施設運営・サービスの提供を」側垣一也編『季刊児童養護』vol.31　No.1　全国児童養護施設協議会　2000年　pp.18－19
2）『子どもが語る施設の暮らし』編集委員会『子どもが語る施設の暮らし』明石書店1999年
3）『子どもが語る施設の暮らし』編集委員会『子どもが語る施設の暮らし2』明石書店　2003年
4）長谷川眞人『児童養護施設の子どもたちはいま─過去・現在・未来を語る』三学出版　2000年
5）田中れいか『児童養護施設という私のおうち─知ることからはじめる子どものためのフェアスタート』旬報社　2021年
6）日本子どもの虐待防止研究会栃木大会実行委員会編『日本子どもの虐待防止研究会・第5回学術集会抄録集』1999年　pp.103－104
7）伊達悦子・辰己隆編『保育士をめざす人の児童家庭福祉』みらい　2012年
8）「養護施設は今」編集委員会編『いつか愛を知る日のために』ひとなる書房　1992年

コラム　保育士をめざす学生の実習リポートから

　「施設実習は、価値観を180度変える体験である」とはよく言われること。実習を通して何を感じ、考えたのか。実習生のリポートがそれを物語る。

・保育士として、というよりも一人の人間として何ができるのかを考えた日々だった。

・重症心身障害児施設（現・医療型障害児入所施設）の最初の印象は、後頭部をいきなり殴られたかと思うほどの衝撃だった。でも実際実習してみたら、保育のもっとも基礎の部分ではないかと思えた。違う職種の人たちが違う考えをもって一緒に仕事をしようとするときこそ、子どもにかかわる際大切なことが明瞭になるのではないかと思った。

・施設の実習担当の先生から「彼らは一人では生活できないとか、時には人に迷惑をかけることもある。でも多くの感動を与えてくれる。実習生が実習に来てよかったと思えるとき、彼らは本来の役割を果たしているといえるのではないか。それは人間として十分に生きているということだと思う」と教えていただいた。

・大げさかもしれないが「生きていてよかった」と思った10日間だった。私の緊張をしっかり読んでいたから最初はそれなりの反応しかしてくれなかった。相手の反応を素早くキャッチする鋭い感性の持ち主たちなのだ。彼らから絶えず送られる信号を見落とさないように努めれば、自分の実習態度は積極的になるのだ。

・実習中にあったある子どもの誕生日、先生の手づくりケーキでお祝いした。その子にとっての重大なイベントを、ささやかでもその子のために祝う、こうした心遣いが子どもの心を育てていくのだろうなと思った。

・実習終了日、お別れの握手のとき。「このまま接着剤でくっついちゃったらいいのに」との子どものことばに、ただ涙……。

・「愛されることを望まない子どもがいる」という意味がわからなかった。家族の中で喜び、楽しみ、怒り、悲しみといったさまざまの体験を経て、それはやがて「愛」というものになっていくのだろう。でも、望むのに手に入らないのなら、叶わないのなら、愛を望むことを諦めてしまうのは当たり前のように思った。

第**2**章

◆ ◆ ◆　社会的養護の成り立ちと最近の動向　◆ ◆ ◆

キーポイント

　　ここでは、わが国における児童養護の歴史をふりかえって、今日に至るまでの経過をたどってみたい。

　　古代から近世にかけては、聖徳太子の四箇院を源流とし、仏教の慈悲思想を基盤としていた。また、室町時代末期になると宣教師のキリシタン思想による慈善事業が行われたり、江戸時代には五人組制度の慈善救済が実施されたりした。

　　明治、大正・昭和戦前期にかけては、明治期の児童養護に関する施策はまだ不十分であったものの、仏教やキリスト教の宗教関係者や篤志家によって民間慈善救済事業が展開され、子どもの問題に応じて分類して入所させるという形態がつくられていった。昭和戦前期になると、救護法、（旧）児童虐待防止法、少年教護法、母子保護法の順に児童保護のための法が成立していった。

　　昭和戦後期から高度経済成長期にかけては、終戦直後は戦災孤児や浮浪児への対応に追われる中、児童福祉に関する総合的な法である児童福祉法が1947（昭和22）年に制定された。

　　高度経済成長期以降は、発達障害、学力低下、非行、虐待などの新たな要養護問題がみられるようになったため、施設の養護機能も再検討されるようになってきた。今日的には、子どもの権利条約やこども基本法、児童福祉法の改正によって、子どもの最善の利益を求めたり、健全な成長と自立を支援することが施設での養護の課題となってきている。

1　児童養護の成り立ち

　人類の長い歴史の中で、子どもの養護にあたっては、それぞれの時代の影響を受けつつも、基本的には家庭において親およびそれに代わる近親者が行ってきたのである（家庭養育）。しかし、いつの時代においても貧困や病気などの何らかの理由で家庭での養育が不可能であったケースもあったことは事実であろう。このような子どもには、生活共同体としての近隣社会（隣保）

による救済、さらに、施設に入所させての救済保護がなされてきたのである（社会的養護）。

　後者の社会的養護に関するわが国の歴史は非常に古く、593（推古天皇元）年にまでさかのぼるとされる。今日に至るまでの施設の社会的位置付けは、その時代の社会状況によって異なるものの、今日までに蓄積されてきた実践は、現在でも歴史的遺産として大きな教訓を含むものである。

　家庭養育と社会的養護を正しく理解するためにも、今後の社会的養護の方途を探るためにも、それぞれの時代における児童養護の変遷を概観しておく必要があろう。そこで、本章においては、養護問題を受け止めてきた施設養護の歴史に焦点をあててみたい。

2　児童養護の始まり（古代から近世まで）

1．古代の児童保護

　古代社会においては、子どもの出生は国家の存続に重要な資源としてみなされる反面、生きるには過酷な条件があって、人口過剰により堕胎・嬰児殺し・棄子が行われていた。

　わが国での史実に基づく児童救済事業は、仏教伝来以後であって、聖徳太子が仏教信仰の立場から四天王寺を建立し、その中にあった悲田院（救済施設）、敬田院（教化施設）、施薬院（薬草栽培、投薬機関）、療病院（施療病院）の四箇院の活動が593（推古天皇元）年に行われたことが、組織的事業の源流とされている。これらのうち、悲田院では鰥寡孤独貧窮無頼の徒を収容したと伝えられるのであるが、孤は16歳以下の子どもで父のないものをいうことから、ほかの大人とともに身寄りのない孤児や棄児を混合収容したものである。これが今日の児童養護施設の原型と理解できる。

　6〜7世紀には仏教文化が流入し、仏教が国家宗教として確立され、その教えである「慈悲慈愛」として、孤老・寡婦・孤児・病者・不具者などが仏の加護の対象となった。その代表的な例として、723（養老7）年に光明皇后が奈良興福寺境内に悲田院、施薬院の両院と温室（公衆浴場）を創設したことがあげられる。

　また、764（天平宝字8）年に和気広虫による83人の孤児の養育も特筆に値しよう。

以上、古代社会の児童養護は、仏教の宗教的慈悲思想を基盤にした寺院中心の慈善救済であった。なお、これに行基の布施屋（無料宿泊所）や空海の綜芸種智院（庶民教育の草分け）も付加しておく。

2．封建社会の児童保護

12～13世紀の封建社会に入ると、子どもの地位は親に対して絶対服従という忠孝思想が支配したため、子どもは独立した人格をもつ存在としてみられず、親に隷属するのが一般的であった。すなわち、子どもは農業を営むための働き手として、また、その家の血統保持者として大切にされたにすぎなかった。下級武士や商人・農民の間では生活苦になると、産児制限、堕胎、嬰児殺しなどが頻繁に行われ、このことは子どもの増加防止の一定となっていた。

このような状況の中で、鎌倉・室町時代においても、叡尊、忍性、重源らの仏僧が中心となって捨て子や病者への救済が実施された。特に、忍性は鎌倉極楽寺に施療院、悲田院を設け尽力した点で注目できる。

一方、室町時代末期になると、ジェスイット会（イエズス会、ヤソ会）が来朝し、キリスト教の伝道が行われた。このキリスト教の救済事業としては、宣教師として来日したフランシスコ・ザビエルの貧民救済思想、ポルトガル船の船医をしていたルイス・デ・アルメイダがキリシタン大名・大友宗麟の援助のもと、1555（弘治元）年に豊後府内（現在の大分県）で貧困不具児を対象とした育児院の創設をあげることができる。そのほかに、小西行長や細川ガラシャといったキリスト教徒による救貧・病者保護の事業も行われた。

こうして、当時の農山村では、寺社が中心となって仏僧やキリスト教の宣教師による孤児、捨て子や困窮者の救済がみられた。

江戸時代には、幕府と藩の搾取があり、さらに、1732（享保17）年や1783（天明3）年の大飢饉、1772（明和9）年の大火など、多くの天災が起こるたびに農民の生活は困窮を極めた。

この時代の有名な慈善救済の方法の一つに「五人組制度」がある。この制度は幕府による封建体制の末端組織で、相互扶助の性格が強く、社会統制、治安対策をもくろむものであった。その中では、捨て子の養育・行旅病人の保護・間引きの禁止・人身売買の禁止などが盛り込まれていた。しかし、現実には、堕胎、間引き、親子心中、棄児、人身売買は広がる一方であった。

もう一つの策として、天明の大飢饉で急増した無宿者を対象とする松平定信が石川島に設けた人足寄場と、貧民孤児救済のための救恤費積立制度が

ある。特に児童保護の対策としては、後者が貧民孤児救済の組織的な機関である町会所を設置し町費の余剰金を貯蓄して、老幼者の救済・棄児教育・母子扶助の事業を行い、これは1867（慶応3）年まで続けられた。

3　明治、大正・昭和戦前期

1．明治期の児童保護

(1)　公的な救済

　明治維新によって近代化への歩みを始めた明治政府は、それまでの堕胎、棄児への対応を受け継いで、1868（明治元）年に「堕胎禁止令」を制定した。次に、1871（同4）年に「棄児養育米給与方」という布告でもって、棄児の養育者に対し、その子どもが15歳に達するまで年間米7斗（98kg）を支給した。続いて、1872（同5）年には「人身売買禁止令」、1873（同6）年には多子を出産した貧困者に対して養育一時金5円を支給するという「三子出産ノ貧困者へ養育料給与方」が制定された。これらは、近代国家にふさわしい体裁を整えようとするものであったものの、国策であった富国強兵、殖産興業からして、将来の強兵、労働力としての国策的な保護であった。

　また、明治政府が発布した貧困者に対する一般的救済制度としては、1874（同7）年の「恤救規則」がある。この規則は、その前文に「人民相互ノ情誼」とあるように、救済は隣保扶助・親族扶助によって行われ、どうしても放置することのできない「無告ノ窮民」（極貧独身、労働不能の70歳以上の者、障害者、病人、13歳以下の児童）に対してのみ一定限度の米を支給するという慈恵的・制限主義的な救貧法であった。

　このように子どもに対する公的な施策はまだ不十分な中で、それを補う形で明治の初期から、仏教やキリスト教の宗教関係者や篤志家の手によって民間慈善救済事業が展開された。これは今日の児童福祉施設の源流になる、いくつかの子どもの問題に応じて分化・分類して入所させるという形態につながっていく。

(2)　民間による救済

　まず第1に、孤児らのための施設である。民間慈善救済事業の中でも、特

に孤児や棄児等が入所する孤児院(現在の児童養護施設)が数多く設置され、明治20年代末までの間に、その数は38施設になったほどである。代表的なものとしては表2－1の通りである。

特に、石井十次の設立した岡山孤児院は有名である。敬虔なクリスチャンであった石井は、キリスト教慈善思想に影響を受け、1906(明治39)年には1,200名に達する子どもを入所させ、保護を行った。石井はルソー、ペスタロッチの思想、バーナードホームの方式になら

表2－1　明治期の孤児院（児童養護施設）

キリスト教関係の施設	
1869(明治2)年	養育館（日田）
1872(明治5)年	横浜慈任堂
1874(明治7)年	浦上養育院（長崎）
1877(明治10)年	神戸女子教育院
1878(明治11)年	函館聖保禄女学校
1879(明治12)年	日本聖保禄会育児部童貞院(東京)
1880(明治13)年	鯛之浦養育院（長崎）
	奥浦村慈恵院（長崎）
1886(明治19)年	京都天主教女子教育院
1887(明治20)年	日本玖瑰塾（東京）
	岡山孤児院
1888(明治21)年	暁星学園（東京）
1890(明治23)年	大阪博愛社
	神戸孤児院
1892(明治25)年	上毛孤児院（群馬）

仏教関係の施設	
1879(明治12)年	福田会育児院（東京）
1883(明治16)年	善光寺養育院（長野）
1886(明治19)年	愛知育児院

出典　矢島浩『明治期日本キリスト教社会事業施設史研究』雄山閣　1982年、中央社会事業協会社会事業研究所・谷山恵林編『日本社会事業大年表』刀江書院　1936年

表2－2　岡山孤児院十二則

①家族主義：子ども10人くらいの小舎制で、一般家庭に準じた生活様式を取り入れる。
②委託主義：6歳以下の子どもは農家へ、10歳以上の子どもは将来の自立に向けて、職業の見習いを含めて商店、工場主などに委託する。
③満腹主義：十分な食事を与えることは情緒的安定につながる。
④実行主義：子どもは大人の行動を見て影響を受けるから、職員の主体性が重要である。
⑤非体罰主義：子どもに体罰を加えてはいけない。
⑥宗教主義：祈りを重んじ宗教心が養われるようにする。
⑦密室教育：よいことはほめ、悪いことはタイミングよく戒めるが、悪行は人前でなく密室で指導する。
⑧旅行教育：小グループで旅をさせる。
⑨米洗教育：子どもの気持ちになって、常に同じような態度で接する。
⑩小学教育：幼児期は十分に遊ばせ、10歳から15歳に十分学習させる。
⑪実業教育：子どもに適した職業教育を身につけさせる。
⑫托鉢主義：施設の経営は民間からの寄付による。

い、「岡山孤児院十二則」としてまとめ、今日の養護原理にかなう先駆的な実践を展開した（表2-2）。

　第2に、心身に各種の障害のある子どものための施設である。

　障害児を対象とした施設として、盲ろうあ児を対象とした教育が1890（明治23）年の小学校令において初めて制度化されたが、先駆的なものは、1878（同11）年京都の「京都盲唖院」と1880（同13）年東京の「東京楽善会訓盲院」である。両施設ともに職業教育を中心に実践がなされていたが、その経営にあたっては財政問題で苦悩した。

　1891（同24）年、石井亮一はわが国最初の知的障害児施設である滝乃川学園の前身となる「孤女学院」を創設している。創立者である石井はキリスト教徒であって、立教女学校で女子教育を行っていたが、濃尾大地震を契機に家庭教育と学校教育の調和をはかる考えにより、20余名の孤児を引き取り、東京の自宅を開放して孤女救済のための孤女学院を設立したのである。このとき孤児の中で知的障害児（当時は「白痴」と称した）がいたことから、「白痴」教育施設「滝乃川学園」への移行という過程をたどる。石井は2回の渡米を通して、アメリカの「白痴」教育や心理学、教育学の現状を学んで帰国し、①医学的な治療、②教育としての訓練、③生活を通しての生活指導の3つを柱立てに「白痴」教育に専念した。

　また、1909（同42）年には脇田良吉によって「白川学園」が、1911（同44）年には川田貞治郎によって「日本心育園」が設立されている。

　第3に、非行・不良少年に対する施設である。第1に指摘した孤児院での児童保護事業とともに早く展開したのは、非行・不良少年の感化事業である。これらの子どもへの対応では、先進諸外国の感化教育の思想が導入され、1880（同13）年に小崎弘道の論文によって感化教育の重要性が唱えられたことが契機となっている。すなわち、旧来の罰を与えて懲らしめる方法ではなく、非行に走った社会的原因と今後の生活への配慮を重んじることから、懲罰ではなく環境を整え、感化教育によってこそ社会復帰できることが認識されたのである。

　この感化教育の先鞭となったのは、1884（同17）年大阪の池上雪枝が神道祈禱所に不良少年を入所させ保護したことにあるといわれる。1885（同18）年には高瀬真卿が「私立予備感化院」を設立、1899（同32）年にはプロテスタントである留岡幸助が東京市郊外巣鴨に私立感化院の「東京家庭学校」を設立した。留岡幸助は北海道懲治監の教誨師としての体験とアメリカでの実践をもとに、少年期における感化教育こそが犯罪根絶につながるという考えを抱き、罪を犯した少年によい環境と教育を与える感化院の設置を主張し

たのである。

　その教育は、豊かな自然環境の中で、小舎夫婦制を導入し、家族主義のもと生活、教育、職業訓練を行った。この家庭学校は、今日の児童自立支援施設の原型となっている。

　こうした民間の感化事業の活発化と、非行・不良少年の激増に対応するものとして、1900（明治33）年に「感化法」が制定され、満8歳から16歳未満の少年で、適当な親権者・後見人のいない非行少年を感化院に入所、教護することとなった。

　第4に、保育施設についてである。保育事業では、1877（同10）年に医師のヘボンが横浜港湾地区に保育施設を開設、1890（同23）年に新潟市において赤沢鐘美が乳児を背負ってくる貧家の子を預かった託児所「私立静修学校」の開設があげられる。これがわが国最初の託児所といわれている。このほか1894（同27）年東京深川の大日本紡績株式会社内に、1896（同29）年福岡県の三井田川鉱業所内に企業内託児所が設置されている。そして、本格的な保育施設としては1900（同33）年に野口幽香、斉藤峰のふたりのキリスト教徒によって東京四谷のスラム街に設けられた貧困家庭の子どもを対象とした「二葉幼稚園」がある。

　以上のように、明治期は孤児院での児童保護、感化事業を中心としながら、徐々にではあったが大人と子どもを分けたり、前述した4つの分類のように子どもの問題に応じた施設をつくっていこうとする萌芽がみられた。

２．大正・昭和戦前期の児童保護

(1) 大正期にみられる救済

　この時期は、第１次世界大戦とそれに続く戦後恐慌によって国民生活は困窮し、1918（大正７）年には各地で米騒動が勃発した。さらに、1923（同12）年の関東大震災は、資本主義経済の進展に伴う歪みにより破綻していた国民生活に打撃を加えた。このような社会状況においては、高い乳幼児死亡率、栄養不良児、貧困児、不就学児等、従来から問題とされてきた孤児、棄児、非行・不良児にとどまらない広範囲な児童問題が浮上してきた。

　1920（同９）年には内務省に社会局が設けられており、これまでのように民間慈善救済事業に任せておくのではなく、国が初めて子どもの保護を所管することを明らかにした。

　また、エレン・ケイやジョン・デューイなどの影響を受けて児童中心主義の新しい児童観や児童教育が紹介されるようになってきた。広範囲な児童問題への対応では、一般児童の保健、児童相談、障害児の教育と治療、年少労働者の保護などがあげられる。中でも障害児への対応では、知的障害関係で教育的側面に重点をおいた1923（同12）年岡野豊四郎による「筑波学園」、1931（昭和６）年田中正雄による「広島教育治療学園」、保護的側面に重点をおいた1928（同３）年久保寺保久による「八幡学園」、治療教育的側面に重点をおいた1916（大正５）年岩崎佐一による「桃花塾」、1919（同８）年川田貞治郎による「藤倉学園」、1927（昭和２）年三田谷啓による「三田谷治療教育院」、1937（同12）年杉田直樹による「八事少年寮」などがある。さらに、障害児保育への先駆的な取り組みとして、1938（同13）年三木安正による「愛育研究所特別保育室」があげられる。

　ちなみに明治期から戦前における知的障害児の施設は22施設になり、大都市を中心に法に基づく支援がない中での尽力であった。

　このほかに肢体不自由児関係で1916（大正５）年高木憲次による「肢体不自由児巡回相談」や、1921（同10）年柏倉松蔵が設立した「柏学園」が開始されている。

　虚弱児関係では1917（同６）年の「白十字茅ヶ崎林間学校」、1926（同15）年の「一の宮学園」、ろうあ児関係では1933（昭和８）年の「東京ろうあ技芸学園」などがある。こうしてみると、心身の障害の種類に応じた専門的な施設が創設され始めていったととらえることができる。

　この時期の児童保護の法規や機関をみると、1911（明治44）年の「工場法」

30

（施行は 5 年後）では、12歳未満の児童の就業禁止、15歳未満の者および女子の12時間労働および深夜業の禁止等が規定されていた。しかしながら、小規模工場には適用されない例外規定が多く、根本的な解決には至らず、過酷な労働条件のもとで働く子どもも少なくなく厳しい生活状況であった。

　1922（大正11）年に「少年法」および「矯正院法」が成立した。少年法は18歳未満の者を対象に保護処分や少年審判所の手続きについて規定している。1915（同 4 ）年には日本児童学会による「児童教養相談所」、1919（同 8 ）年には「大阪市児童相談所」、1921（同10）年には「東京府児童研究所」が相次いで設立され、子どもに関する相談・指導や医学的診断、心理検査などを行っていた。また、1920（同 9 ）年には「東京府児童保護委員制度」が始められた。児童保護委員の目的は、不良児・浮浪児・不就学児・欠席学童・貧困児・知的障害児等に対して個別保護を行い、あわせて調査を行うものであった。

(2)　昭和戦前期にみられる救済

　昭和期に入り、世界大恐慌などによる失業や窮乏と国民の生活は非常に苦しいものとなり、その影響は、欠食児童の増加、親子心中、児童虐待の増加など多くの児童問題を生ずる結果となった。

　このような背景から、政府は何らかの対応策を講じざるをえなくなってきたため、1929（昭和 4 ）年に「救護法」が制定されたが、財政面から施行は1932（同 7 ）年に先送りされた。この法における児童関係のものとしては、生活困窮妊産婦、13歳以下の困窮児童、乳児をもつ困窮母子家庭などへの救護があり、原則として在宅保護ではあったものの、加えて施設保護も行われるようになった。救護施設としては、養老院、孤児院、病院等が示され、その費用は居住地の市町村が負担することとなった。

　また、非行児への取り組みとして、それまでの感化法を廃止して「少年教護法」が1933（同 8 ）年に制定された。この法の対象は、不良行為をしたもしくはそのおそれのある14歳未満の子どもであって、少年教護院へ入院させるほか、少年教護委員の観察に付することなどによる保護をはかっていた。

　同じく1933（同 8 ）年に「児童虐待防止法[*1]」が、1937（同12）年に「母子保護法」が成立している。前者では14歳未満の子どもについて障害児を観覧に供する行為や、その他の虐待や酷使を禁止し、後者では13歳以下の子どもをもち、養育困難な貧困母子世帯に対して生活・養育・生業の扶助を行うことを目的とした。またこの時期、日本育児事業協会、少年教護協会、精神薄弱児愛護協会など児童保護の事業別連絡協議機関の組織化が進んだ。

　しかし、1937（同12）年の日中戦争への突入と軍事体制の確立の進行は、

＊ 1 　(旧)児童虐待防止法
　1947（昭和22）年の児童福祉法の成立に伴い、同年末に廃止。
　現在の児童虐待の防止等に関する法律（略称：児童虐待防止法）については第 4 章p.70参照。

児童保護のあり方にも影響を与えることになった。1938（昭和13）年には厚生省が設置され、社会事業は厚生事業へと変容していった。すなわち、戦争遂行を目的に、兵力と労働力育成政策の一環として位置付けられたのであった。1940（同15）年には、遺伝子性疾患を有する者の増加を防止し、健全な素質を有する者の増加をはかることを目的とし「国民優生法」が公布された。また、1942（同17）年には健康児出産増加政策として妊産婦手帳規定を設けている。

　以上のように、児童保護は児童愛護と呼ばれるようになり、広く一般児童を対象とする人口政策や医療保健政策と関連していく反面、かつての児童保護の中心的課題であった特殊児童ないし要保護児童のための方策は切り捨てられたり、後退・縮小の方向をたどっていかざるをえなくなった。

　このような戦時体制下にあって、太平洋戦争へと突入したわが国は、施設の子どもも疎開したり、施設の経費や食料等極めて困難な状況に見舞われたりした。この厳しい状況下で、子どもの生命と安全を文字通り"いのちがけ"で守ろうとする努力が続けられた。にもかかわらず、見通しをもたぬ長期戦争は、1945（同20）年8月15日、敗戦という形で終わるまで続いた。

4　昭和戦後期から高度経済成長期

1．戦後混乱期での児童保護

　終戦直後は戦争の爪痕が大きく、国民全体が貧しい生活を強いられていた。子どもも例外ではなく、戦災で肉親を亡くしたり、外地から引き揚げの途中で保護者を失ったり、さらに、貧窮によって親が育てられない子どもが大勢いた。

　これら戦災孤児と浮浪児への対策から児童保護が始められた。政府は1945（昭和20）年9月に「戦災孤児等保護対策要綱」を出して、個人家庭への委託、養子縁組の斡旋による孤児の保護を基本とした。同年12月に「戦災引揚孤児援護要綱」を決定、次いで、1946（同21）年4月には「浮浪児その他の児童保護等の応急措置実施に関する件」を通達し、児童保護相談所が設けられ浮浪児の取り締まりがなされた。同年9月には「主要地方浮浪児等保護要綱」が実施され、全国7大都府県において警察との連携でもって浮浪児の発見がなされた。

　1948（同23）年実施の全国孤児一斉調査では、数え年20歳以下の孤児は、12万3,511人にのぼり、その中で施設に保護された者が1万2,202人、親戚や知人のもとで養育された者が10万7,108人であったとされている。

　戦災孤児と浮浪児の急増に対しての一連の浮浪児対策では、その解決は根本的に困難であり、あくまで応急対策であった。また、「狩込」と呼ばれ、警察と福祉関係者が浮浪児を一斉発見し、トラックへ追いこむという強制的な方法もとられたが効果的な対策とはいえなかったのである。

　ただ、この時期の児童養護施設の数に注目してみると、終戦直前は86施設程度に減少していたのが、1年間で171施設へ、1949（昭和24）年には275施設、1950（同25）年には394施設へと急増している。この経緯には民間有志者の献身的な努力があったことを忘れることはできない。

　一方、貧窮のため、妊産婦や乳幼児が病気や栄養失調になることが多く、乳幼児死亡率が非常に高い状況であった。この状況から早急に子どもおよび子どもを抱える家庭を保護するために、従来の社会事業とは異なる施策が求められた。

2．児童福祉法の成立

　敗戦後の日本は貧困の中、アメリカ占領軍（GHQ：連合国最高指令部）の指導のもとで復興を推し進めていた。1946（昭和21）年に制定された日本国憲法や旧生活保護法もGHQの指導のもとで作成されたのであるが、GHQは児童問題への対策にも関与し、厚生省に児童局が設置されることになる。そして、この児童局のもとで児童福祉法案提出の準備が進められ、1947（同22）年12月に「児童福祉法」が制定された。

　本法は、日本国憲法第25条の生存権に基礎をおき、総則には児童福祉の理念、児童育成の責任、原理の尊重が明示された。加えて、これまでの要保護児童を対象とした「児童保護」から、全児童を対象とした福祉の増進をめざす「児童福祉」へという転換の意味もあった。

　これまでの児童養護の施設は、法制上孤児院（育児院）、教護院および母子寮しかなかったが、この法により、助産施設、乳児院、母子寮、保育所、児童厚生施設、養護施設、精神薄弱児施設、療育施設、教護院の9種類となって、養護問題に応じて分化分類し入所・通所できることが制度化された。さらに、相談および施設入所措置を行う児童相談所が設けられ、社会的養護の体系の基礎がつくられた。

　1948（同23）年には、これらの施設に対する児童福祉施設最低基準が厚生省令として定められた。1949（同24）年には療育施設から盲ろうあ児施設が分離独立し、1950（同25）年には療育施設が廃止され、虚弱児施設と肢体不自由児施設とに分化した。1951（同26）年には里親、保護受託者（職親）も児

童福祉法に追加され、制度化された。同年、子どもの幸せは共同社会の責任であるという考え方を徹底させるため、5月5日の「子どもの日」を選んで「児童憲章」が制定された。

　「児童は、人として尊ばれる。児童は、社会の一員として重んぜられる。児童は、よい環境のなかで育てられる」の前文で始まる児童憲章は、子どもの生活にかかわるほとんどの領域での保護を謳っている。なお、同年3月の社会福祉事業法の公布により、民間児童福祉施設は社会福祉法人化されていくことになる。

　このように児童福祉法は高邁（こうまい）な理念を掲げて出発し、法制度上はある程度の充実をみるようになってきた。しかし、児童福祉法が施行された後も「浮浪児根絶緊急対策要綱」が閣議決定されているように、実状は要保護児童への応急対策に追われ、子どもを巡る現実は児童福祉法の理念からは程遠く、すべての子どもの福祉はなかなか実現されにくい状況であった。

3. ホスピタリズム論を巡って

　1950（昭和25）年頃になると、欧米のホスピタリズム（hospitalism）論が日本に紹介された。ホスピタリズムは、子どもが施設で長時間生活することによって、身体的・情緒的なさまざまな発達上の問題を引き起こすというものであり、施設病との訳名であった。

　代表的な研究者として、リブルは母親の子どもに対する接し方や態度は、子どもの身体的発育に影響をおよぼすのはもちろん、情緒的な発達にも大きな作用をおよぼし、その性格形成に永続的な影響を与えると指摘している。さらに、ベンダーは生後1年から3年の間に母親の愛情を経験しなかったものは、典型的な発達の歪みがあることを主張している。こうした母性喪失に関して総括的な見解としては、ボウルビィの1950（同25）年の調査研究報告書『母性的養育と精神衛生』が有名である。その報告書では、乳児期から施設で生活している子どもは、身体的にずんぐりむっくり型で、その性癖の共通欠陥として、①学習意欲に乏しい、②発表がへたである、③すべてが消極的であると強調している。

　わが国では、雑誌『社会事業』（第33巻4号、1950（昭和25）年4月）に所収された堀文次（児童養護施設石神井学園長）の「養護理論確立への試み」によって初めて公にされた。堀は、アメリカでの諸研究を参考にして、自らの施設での観察や経験に基づいて、施設に育つ子どもに共通してあらわれる身体・情緒・性格・行動上の問題を指摘した。

　この堀論文を契機として、昭和30年代の半ば頃まで潮谷総一郎、瓜巣憲三、高島巖などにより活発なホスピタリズム論争が展開された。潮谷によれば、1953（昭和28）年発表の「養護施設における家庭的処遇の必要性について」で、施設の家庭代替機能が力説され、児童養護施設を家庭に近づけることによってホスピタリズムを予防するという考えが述べられた。

　これに対して、施設の集団生活を積極的に評価する提唱もなされている。1956（同31）年には積惟勝の『集団に育つ子ら』が刊行され、施設を集団主義的生活の場とする必要性が「集団主義養護理論」として強調された。同時に、石井哲夫の論文「養護施設に於ける集団治療教育についての考察」が発表され、施設を集団治療教育の場とする「積極的養護技術論」が論じられた。

　以上のように、ホスピタリズムを巡っての論争が沸き起こったのであるが、結局は決定的な解決には至らなかった。しかし、この論争を契機に、眼前の子どもの発達上の問題への対応、施設運営のあり方が追究され、養護理論確立への足がかりとなったことは評価される。

5　高度経済成長期以降

1．新たな要養護問題

　1960（昭和35）年に池田内閣は国民所得倍増計画を発表し、1973（同48）年の石油危機に至るまでの高度経済成長期は、一般的国民生活水準の向上をもたらしたと同時にさまざまな社会問題も引き起こした。

　このような状況の中で、乳児院や児童養護施設に入所する措置理由が変化してくる。すなわち、親の死亡や経済的貧困という単純な養護問題から、親の離婚、行方不明、長期入院など親と暮らすことができなくなったという問題の割合が高くなってきた。まさしく、親がいない子どもから親がいる子どもへの対応が迫られるようになる。

　さらに、子どもの発達遅滞、学力低下、情緒的問題、非行などの新たな養護問題がみられるようになった。それゆえに、施設の養護機能もこれまでの衣食住の生活の場を保障するだけでは根本的な解決にはならず、反社会的行動（喫煙・シンナー・徘徊・無断外泊・異性交遊・万引・窃盗など）や非社会的行動（情緒不安定・不登校・ひきこもり・家庭内暴力など）を示す子ども、あるいは身体的、精神的障害（多様な発達障害、心身症、ノイローゼなど）のある子どもへの

治療教育的機能も求められるようになる。そして、今日では虐待といった問題、いじめといった能力主義教育など、子どもを取り巻く教育問題がクローズアップされてきている。これら複雑多様化したニーズをもつ養護児童の割合が多くを占めるようになったことから、これまでの児童保護の対象であった一部の要保護児童に限らず、要養護問題は子ども一般の問題として拡大、普遍化されていったと理解できよう。

　障害児への対応としては、法の谷間におかれていた重症心身障害児問題にも次第に光があてられるようになる。こうした変化の背景には、1961（昭和36）年の小林提樹による「島田療育園」、1963（同38）年の糸賀一雄による「びわこ学園」の創設に代表される開拓的な取り組みがあった。1957（同32）年に精神薄弱児通園施設が、1961（同36）年に情緒障害児短期治療施設が、1967（同42）年に重症心身障害児施設が児童福祉法改正によって新たな児童福祉施設として追加された。在宅児童への制度についても、1961（同36）年児童扶養手当法、1964（同39）年重度精神薄弱児扶養手当法、1971（同46）年には児童手当法といった経済給付法が制定された。

　しかし、1967（同42）年には厚生省が「定員未充足状態の児童福祉施設に対する定員減および施設の転換」を指示している。これは施設入所への待機児童の減少に伴うものであったが、先述したように潜在的に埋もれている養護ニーズへの対応ではなかった。

　1973（同48）年には児童福祉施設最低基準の改正がなされた。また、同年より「養護施設入所児童の高校進学実施要領」が実施されており、高校進学の機会が保障されるようになった。その後、高年齢児童を巡っては、高校生の喫煙、異性問題といった思春期特有の問題、プライバシー保護に伴う個室の確保、アルバイトなどの指導上の問題が出てきた。

2．社会的養護の最近の動向（1990年代〜今日）

　児童虐待、子どもの貧困といった児童を巡る問題が深刻化・クローズアップされつつある昨今、新たな大綱づくりや対策計画の作成を講ずることで、子どもの権利侵害を防いだり、最善の利益を守ったりしている。

⑴　子どもの権利条約

　子どもの権利条約（児童の権利に関する条約）は、1989年の国際連合総会で採択された。わが国は1990（平成2）年に署名し国内的な調整が進められ、1994（同6）年4月に批准、5月に発効した。この条約は前文で原則を掲げ、

具体的な権利として「子どもの最善の利益」「意見表明権」などを明記している。特に、それまでの「子どもは保護され、養育されるべき対象である」という観点から、「子どもは権利を享有する主体であると同時に、自ら社会参加することによってその権利を行使する主体である」という観点へと、子ども観の一大転換をもたらした点で大きな意義がある。また、2023（令和5）年4月施行のこども基本法、児童福祉法にも子どもの権利条約の精神にのっとることが条文で示されている。

（2）　少子化対策

　1989（平成元）年の1.57ショックと表現された合計特殊出生率の低下を契機に、子育てに対する社会的支援のあり方について報告や提言が行われた。

　1994（同6）年度には文部、厚生、労働、建設の4大臣合意による「今後の子育て支援のための施策の基本的方向について」（エンゼルプラン）が策定された。さらに、1999（同11）年「少子化対策推進基本方針」が決定され、「重点的に推進すべき少子化対策の具体的実施計画について」（新エンゼルプラン）が策定された。

　その後も少子化は止まらず、2003（同15）年には次世代育成支援対策推進法、少子化社会対策基本法が制定された。この法律に基づき、2004（同16）年、2010（同22）年、2015（同27）年に少子化社会対策大綱が示された。2015年には子ども・子育て支援新制度が本格的に実施され、2019年（令和元）年からは幼児教育・保育の無償化もはかられた。

　しかし2019年には出生数が90万人を割り、「86万ショック」とも呼ぶべき状況となった。2020（同2）年には第4次となる少子化社会対策大綱が閣議決定され、2020年12月には、厚生労働省が「新子育て安心プラン」を公表した。このプランでは、2021（同3）年度から2024（同6）年度末までの4年間で、約14万人分の保育の受け皿を確保するほか、①地域の特性に応じた支援、②魅力向上を通じた保育士の確保、③地域のあらゆる子育て資源の活用を柱として、各種取り組みを推進することにより、できるだけ早く待機児童の解消をめざすとともに、女性（25～44歳）の就業率の上昇に対応することとしている。

（3）　児童虐待防止対策

　2000（平成12）年、児童虐待の防止等に関する法律が制定された。児童虐待の深刻な状況を踏まえ、その後も改正が行われているものの児童虐待相談対応件数は増加が続き、また、児童虐待事例も深刻化および複雑化している。

2019（令和元）年には、児童虐待防止の強化をはかることを目的に、児童虐待防止法が改正され、親権者等から子どもへの体罰の禁止、児童相談所の体制強化がなされた。そして2022（同4）年の法改正では、市町村における「こども家庭センター」の設置努力義務、一時保護開始時の司法審査導入などが規定され、2024（同6）年より施行される。

⑷ 子どもの貧困対策

近年、子どもの貧困はわが国の社会問題の一つとされている。

わが国の相対的貧困率*2は改善傾向にあるものの、2018（平成30）年で15.7％となっている。特に、ひとり親世帯の相対的貧困率は48.3％と高い水準になっている。

また、わが国における子どもの貧困率*3は2018（同30）年で14.0％であり、およそ7人に1人が相対的な貧困状態にある。特にひとり親世帯における子どもの貧困率は、国際的にみても経済協力開発機構（OECD）加盟国36か国で35位となっており、高い貧困率であることがわかる。

わが国の子どもの貧困の特徴は、自転車やゲーム機、スマートフォン等の持ち物では一般世帯と貧困世帯で差がみられないが、塾や大学進学等の教育機会で顕著な差がみられる点にある。2018（同30）年における大学等進学率は、全世帯の進学率（73.0％）に比べると、生活保護世帯（35.3％）、児童養護施設（27.1％）、ひとり親家庭（58.5％）と低くなっており、世代を超えた貧困の連鎖も問題とされている。

こうした現状の中で、子どもの貧困対策の基本方針を定め、総合的に推進することを目的とした「子どもの貧困対策の推進に関する法律」が、2013（平成25）年に成立し、翌年に施行された。

この法律は、子どもの貧困対策についての基本理念、国の責務、地方公共団体の責務、国民の責務、法制上の措置等、子どもの貧困の状況および子どもの貧困対策の実施の状況の公表について規定している。また、国は大綱を定めなければならないとしており、地方公共団体は子どもの貧困対策計画を定めるよう努めなければならないとしている。

⑸ 新しい社会的養育ビジョン

2016（平成28）年の児童福祉法改正では、子どもが権利の主体であることを明確にし、実親による養育が困難であれば、里親や特別養子縁組等で養育されるよう、家庭養育優先の理念が規定された。この改正法の理念を具体化するために、2011（同23）年の「社会的養護の課題と将来像」を全面的に見

*2　相対的貧困率
ある国や地域の大多数より平均的な生活水準が著しく低い人の占める割合。年収が約127万円以下を差す（2018（平成30）年現在）。

*3　子どもの貧困率
17歳以下の子どもで全体に占める等価可処分所得が貧困線に満たない子どもの占める割合。

直した「新しい社会的養育ビジョン」が2017（同29）年にとりまとめられた。

　これにより家庭養育（（特別）養子縁組、里親、ファミリーホーム）の推進、施設の小規模化、地域分散化などが都道府県等により計画的に進められている。

児童福祉関連略年表（戦前まで）

年	代	児 童 福 祉 関 連		一 般 社 会
593		聖徳太子、四天王寺を建立、悲田院・敬田院・施薬院・療病院の設置		
723	養老7	光明皇后、奈良興福寺内に悲田院・施薬院の設置		
1555	弘治元	アルメイダ来日（イエズス会）、大分地方に育児院開設	1543	ポルトガル船、種子島に漂着
1643	寛永20	幕府、五人組制度を設置	1641	江戸大火
1687	貞享4	捨子養育の制を設置		
1767	明和4	農民の嬰児圧殺の禁止	1733	享保の大飢饉
1802	享和2	江戸町会所、七分積金による窮民救助開始	1783	天明の大飢饉
1868	明治1	堕胎禁止令	1833	天保の大飢饉
1869	同2	松方正義、日田養育館設立		
1871	同4	棄児養育米給与方		
1872	同5	人身売買禁止令 東京府養育院設立		
1873	同6	三子出産ノ貧困者へ養育料給与方		
1874	同7	恤救規則 浦上養育院設立		
1879	同12	福田会育児院設立		
1880	同13	鯛之浦養育院設立		
1883	同16	池上雪枝、不良児童を収容保護	1884	デフレ政策による不景気
1885	同18	高瀬真卿、東京感化院設立		
1887	同20	石井十次、岡山孤児院設立		
1890	同23	赤沢鐘美、託児施設開設		
1891	同24	石井亮一、孤女学院開設（後、滝乃川学園へ改称）	1891	濃尾大地震
1897	同30	片山潜、キングスレー館設立		
1899	同32	留岡幸助、東京家庭学校設立		
1900	同33	感化法制定		
	同33	野口幽香、斉藤峰、二葉幼稚園設立		
1908	同41	中央慈善協会発足		
1909	同42	脇田良吉、白川学園設立	1914	第一次世界大戦に参戦
1911	同44	川田貞治郎、日本心育園設立 工場法公布		
1917	大正6	内務省に救護課を設置	1918	米騒動が起こる
1918	同7	大阪方面委員制度の設置		
1919	同8	川田貞治郎、藤倉学園設立		
1920	同9	内務省社会局設置		

1921	大正10	柏倉松蔵、柏学園設立	1923	関東大震災
1922	同 11	少年法制定		
		矯正院法制定		
1928	昭和3	久保寺保久、八幡学園設立	1929	世界大恐慌のあおり
1929	同 4	救護法公布	1931	満州事変起こる
1933	同 8	児童虐待防止法制定		
		少年教護法制定		
1934	同 9	精神薄弱児愛護協会設立（石井亮一会長）		
1936	同 11	方面委員令公布	1937	日中戦争開始
1937	同 12	母子保護法制定		
		杉田直樹、八事少年寮設立		
1938	同 13	社会事業法制定		
		三木安正、愛育研究所特別保育室設置		
		厚生省設置		
1940	同 15	国民優生法制定		
1942	同 17	妊産婦手帳規定の設置		
		高木憲次、整肢療護園設立		
1944	同 19	学童の集団疎開開始		

〈参考文献〉

1）加藤展博・横川満雄編『児童養護の原理と内容』みらい　1996年
2）神戸賢次編『新選・児童家庭福祉』みらい　2011年
3）一番ヶ瀬康子・高島進編『講座社会福祉第2巻社会福祉の歴史』有斐閣　1981年
4）遠藤興一『史料でつづる社会福祉のあゆみ』不昧堂　1991年
5）碓井隆次編『類別社会福祉年表』家政教育社　1979年
6）矢島浩『明治期日本キリスト教社会事業施設史研究』雄山閣　1982年
7）中央社会事業協会社会事業研究所・谷山恵林編『日本社会事業大年表』刀江書院　1936年
8）小川英彦編『幼児期・学齢期に発達障害のある子どもを支援する』ミネルヴァ書房　2009年
9）加藤孝正・小川英彦編『基礎から学ぶ社会的養護』ミネルヴァ書房　2012年
10）小川英彦『障害児教育福祉の歴史―先駆的実践者の検証』三学出版　2014年
11）小川英彦『障害児教育福祉史の記録―アーカイブスの活用へ』三学出版　2016年

コラム　戦災復興と児童保護

　第2次世界大戦後の混乱した社会状況のもとでは、浮浪児対策は緊急課題の一つであった。浮浪児には戦災で両親を失った孤児、引き揚げ孤児、戦没軍人の孤児などが多く、物資の不足と、人心の定まらない環境の中にあって、浮浪しては物を乞い、金品を窃取するといった不良行為を繰り返していた。

　このような状況の中で、政府は1945（昭和20）年9月20日、次官会議で「戦災孤児等保護対策要綱」を決定し、施設への入所保護策を推進することになった。ところが、児童福祉施設も戦災による焼失や閉鎖を余儀なくされたり、財政的な窮迫により、その対応状況は著しく低下したりしていた。そのため、18歳未満の全孤児の約1割しか施設に入所できないといった対応ぶりであった。

　1946（同21）年3月、社会事業研究所は、東京都内6か所の児童福祉施設に入所している浮浪児を対象に実態調査を行っているが、その報告書が記す生活は次のようであった。

　「収容された少年は浮浪していた方が飯米の貰いがあるので、盛り場へ出たがり、逃亡を企てる。逃走心がなくなると施設病（ホスピタリズム）に堕ち、元気のない沈んだ空ろな目をした子どもになってしまう。浮浪児は羞恥も憧憬も絶望もなくなり、大人の浮浪者の場合よりも単純にこの浮浪性を獲得し、原始化する。そのため、大人の浮浪者の如く、住居のないことは苦にしない。むしろ、施設に収容されて食を規定され、生活を計画づけられることが苦しい。多くの人々に囲まれている楽しさ、騒々しさの中に居ることが楽しい程、彼等は淋しがりやである」。

第3章

◆ ◆ ◆ 社会的養護の基本的な考え方 ◆ ◆ ◆

キーポイント

　現代の社会的養護のキーワードは、「権利擁護」と「自立支援」、そして「家庭的養護」である。「権利擁護」が声高に叫ばれるようになった背景には、1994（平成6）年の「子どもの権利条約」批准以降、子どもを保護や養育の対象としてではなく権利を行使する主体としてとらえる考えが広まったことと、施設内での体罰等の権利侵害が明らかになったことがある。児童福祉施設の設備及び運営に関する基準で懲戒権の濫用の禁止（現在、民法改正で「懲戒権」が削除されたことに伴い、この条項はなくなった）や虐待等の禁止、苦情への対応が義務付けられたり、第三者評価が導入されたりするなど、権利擁護システムの構築が進んでいる。さらに今日では、児童相談所が行う一時保護や施設入所時の措置において、子どもからの意見聴取等が義務付けられるなど、意見表明の機会の確保が進んでいる。

　社会的養護の最終目標が子どもの社会的自立であり自己実現であるというのはいうまでもないが、被虐待児など心の発達に課題をもつ子どもが、社会の中でうまく生きていけないということが明らかになってきており、今後は、「自立支援」の観点から養護理論を立て直していくことが求められている。

　権利擁護や自立支援の観点からも、子どもに「あたりまえの生活」を保障していくことが求められており、子どもの生活の場を大規模な施設養護から小規模化し、より家庭に近い環境で養育する「家庭的養護」が進められている。

1　子どもの権利

1．社会の動向と子どもの権利

(1)　国際的な動き

　人類は2度におよぶ世界大戦を起こし、今なお数知れない地域紛争や内戦を繰り返している。そのたびに多くの子どもが命を失い、または親や家族を

失い、幸福な生活を奪い取られてきた。子どもは人類の存続をかけた将来の
社会の担い手であり、人類の財産でもある。「子どもを守らなければならな
い」。そして「子どもを大切に育てなければならない」。子どもの権利は、そ
んな観点から生まれてきた。

　子どもの権利を守り保障していこうという動きは、世界大戦を契機に国際
連盟、そして国際連合といった世界機関が中心となり、世界のすべての子ど
もを対象として世界的な規模で進展していくことになる。

　まず、第1次世界大戦後、国際連盟による1922年の世界児童憲章、さらに
1924年のジュネーブ宣言がある。世界児童憲章では、「すべての子どもは、
身体的、心理的、道徳的および精神的な発達のための機会が与えられなけれ
ばならない」と成長発達の保障が謳われた。さらに、ジュネーブ宣言では、
前文で「人類は子どもに対して最善のものを与える義務を負う」とし、子ど
もを将来の社会の担い手としてとらえていることがうかがえる。

　世界児童憲章やジュネーブ宣言は、主として子どもの生存と発達のための
最低限の保護を重視したもので、これを「権利」として把握する発想そのも
のはまだ弱かった。

　「子どもの権利」という発想は、第2次世界大戦後にみられるようになる。
国際連合による1959年の「児童権利宣言」、さらに1989年の「子どもの権利
条約」*1 がそれである。児童権利宣言では、子どもにとってもっとも基本的
な権利である適切な成育環境の保障に重点をおきながら、差別されない権利、
健康に発育し成長する権利、教育を受ける権利、あらゆる放任、虐待および
搾取からの保護など、具体的な権利が10か条にわたって謳われた。これは、
世界人権宣言（1949年国連総会）の「世界のすべての人の自由、尊厳と平等」
という理念にジュネーブ宣言の精神を生かしたものでもある。

　しかし、児童権利宣言は国際連合加盟国のすべての国民に対するもので
あったものの、それに拘束力はなく、各国がその理念を十分に生かした国内
法を整備するまでには至らなかった。そこで、加盟国政府の責任を強め、実
行力のあるものにするために「条約」という形にしたものが「子どもの権利
条約」である。

　子どもの権利条約では、児童権利宣言に加えて、子どもの権利が包括的に
規定されている。たとえば、意見を表明する権利、表現の自由、結社・集会
の自由、プライバシーの保護など、大人と同様の権利が広く認められている。
そこからは、子どもを単に保護や養育の対象としてのみとらえるのではなく、
権利を享受し行使する主体としてとらえ、また、子どもは大人と同じように
人間としての尊厳を有する社会の構成員として扱われるべきであるという考

*1　子どもの権利条
約
　正式な和訳は「児童
の権利に関する条約」
となっている。

えがうかがえる。いわば、子どもの権利条約は、「子どもは大人と対等な関係にある」という新しい子ども観を打ち出しており、子どもの権利は大人の権利が尊重されるのと同様に尊重されなければならないということである。

⑵　日本の動き

　わが国において、子どもを将来の社会の担い手としてとらえる考えは、第2次世界大戦後にようやくみられるようになる。1947（昭和22）年に制定された児童福祉法の第1条（児童福祉の理念）に明記された「すべて国民は、児童が心身ともに健やかに生まれ、且つ、育成されるよう努めなければならない」「すべて児童は、ひとしくその生活を保障され、愛護されなければならない」は、まさにそのことを示している。

　しかし、「育成される」「生活を保障され、愛護される」という表現からもわかるように、子どもはあくまでも保護されたり養育を受けたりする対象であり、子どもの権利を受動的なものとしてとらえていることがうかがえる。

　その後1951（同26）年に制定された児童憲章では、その前文に「児童は、人として尊ばれる」「児童は、社会の一員として重んぜられる」と明記され、子どもを大人と同じように人間としての尊厳を有する社会の構成員としてとらえている。これは、今日的な子ども観がみてとれることから注目に値する。

　いずれにせよ、戦後のわが国が、児童福祉法や児童憲章の理念に基づいて、児童の福祉の向上のために努めてきたかと問われれば、残念ながら十分でなかったといわざるをえない。確かに戦後の混乱期のような浮浪児など「食えない子どもたち」は見当たらなくなった。一方で、今日社会問題となってい

る児童虐待や不登校、子どもの性の商品化、少年犯罪の凶悪化など、新たな児童問題が顕在化してきている。これは、子どもを保護や養育の対象としてのみとらえ、子どもの権利に対する意識が国全体に欠けていたことと無縁ではないであろう。

　このような中で、わが国は1994（平成6）年、「子どもの権利条約」（1989年国連総会）をようやく批准する。これは、わが国が国際社会の一員として、子どもを、権利を享受し行使する主体としてとらえ、子どもの権利を積極的に擁護していこうという決意を内外に示したものといえる。そして2016（同28）年の児童福祉法の改正では、第1条に「全て児童は、児童の権利に関する条約の精神にのっとり、適切に養育されること、その生活を保障されること、愛され、保護されること、その心身の健やかな成長及び発達並びにその自立が図られることその他の福祉を等しく保障される権利を有する」と明記され、国内法においても、子どもは児童福祉の「対象」から児童福祉を受ける「権利主体」へと転換がはかられた。

　また、2022（令和4）年に制定された「こども基本法」では、その基本理念について、子どもの権利条約のいわゆる4原則（「子どもの最善の利益」「差別の禁止」「子どもの参加」「生存と発達」）の趣旨等を踏まえて規定された。

（3）　社会的養護に関する最近の動き

①　児童虐待の防止

　平成の時代になって、児童虐待が顕在化し社会問題となってくると、2000（平成12）年に「児童虐待の防止等に関する法律」（児童虐待防止法）が制定された。児童虐待防止法では虐待を、身体的虐待・性的虐待・ネグレクト（保護の怠慢・拒否）・心理的虐待と定義し、児童虐待の禁止、早期発見や虐待を受けた児童の保護など、児童虐待防止に関する国および地方公共団体の責務が明記された。また2004（同16）年の改正では、児童虐待の予防、虐待を受けた児童の自立支援、虐待を行った保護者に対する指導や支援も国および地方公共団体の責務とされた。続く2007（同19）年の改正では、法律の目的に「児童の権利利益の擁護に資すること」と明記され、子どもの権利擁護の観点から虐待の防止に取り組む姿勢が明確になった。

　児童虐待防止法は改正のたびに、家庭への立ち入り調査や保護者に対して面会や通信の制限が強化されるなど、児童相談所は子どもの保護について毅然とした対応を求められるようになった。このように児童虐待防止のための取り組みは強化されているものの、しつけの名目での虐待が後を絶たず死に至るケースもあるため、2019（令和元）年の改正では、親権者は児童のしつ

けに際して、「体罰その他の児童の心身の健全な発達に有害な影響を及ぼす言動をしてはならない」とされた。また、民法が定めていた親権者の懲戒権は、虐待を正当化する口実になっているとの指摘から、2022（令和4）年の改正で削除された。

② 親権の制限

このような動きに呼応して、2011（平成23）年、民法と児童福祉法が改正され、これまで親権の範囲として法が介入しなかった親子関係についても、子どもの権利・利益の観点から法が積極的に介入するようになった。

これまでの民法では、18歳未満の子の親権を親から奪う手段は「親権の喪失」しかなかった。ただ、期限の定めがないため、被虐待児の保護にあたる児童相談所では、親子関係の断絶につながりかねないことを懸念して申し立てをためらうケースが多く、虐待防止の有効な手段になっていなかった。改正された民法では「親権の行使が困難または不適当で、子の利益を害する場合」に、2年以内の範囲で親権を停止できるようにした。また、親権喪失についても、「親権を濫用し、または著しく不行跡であるとき」と曖昧であったものについて、「虐待または悪意の遺棄がある」「子の利益を著しく害する」とその要件を明確にした。

一方、児童福祉法の改正では、子どもの緊急時に素早い対応ができるよう虐待された児童が入所する児童養護施設などの施設長の権限が強化され、施設長が子どもの福祉のために必要な措置をとる場合、「親が不当に妨げてはならない」と明記された。また、子どもの生命や安全を守るため、緊急時には親の意に反しても対応できるようになった。

さらに、2017（平成29）年の改正では、これまでは親権者等の意に反して施設入所等の措置がとられている場合にのみ行うことができた接近禁止命令が、一時保護や同意のもとでの施設入所等の措置の場合にも行うことができるようになった。

③ 施設内虐待の防止

「子どもの権利条約」の批准以降、児童福祉施設、とりわけ児童養護施設において、体罰などの権利侵害が明らかになってくる。

そこで、児童福祉施設最低基準（現・児童福祉施設の設備及び運営に関する基準）の1998（平成10）年の改正では、「懲戒に関しその児童の福祉のために必要な措置を採るときは、身体的苦痛を与え、人格を辱める等その権限を濫用してはならない」（現在、民法改正で「懲戒権」が削除されたことに伴い、この条項はなくなった）と、懲戒にかかる権限すなわち懲戒権の濫用を禁止し、2004（同16）年、2009（同21）年の改正では、「児童福祉法第33条の10各号に掲げる行為その他

当該児童の心身に有害な影響を与える行為をしてはならない」（第9条の2）と、施設の職員に虐待等の行為を禁止した。

　児童福祉法においても、2008（同20）年の改正で「被措置児童*2等虐待の防止等」に関する一節が加わった。これによって、「施設職員等は、被措置児童等虐待その他被措置児童等の心身に有害な影響を及ぼす行為をしてはならない」（第33条の11）と明記された。さらに、施設職員等にあっても、被措置児童等虐待を受けたと思われる児童を発見した場合は、速やかに関係機関に通告しなければならないとされた。

　今日の児童福祉施設にあっては、職員による暴力はあってはならないこととすでに認識されているといえるが、一方で、施設における子ども間の暴力が顕在化してきている。権利擁護を旨とする児童福祉施設にあっては、「安全で安心な生活の場であること」は最低条件といえ、子ども間暴力は養育の現場にあって克服すべき最重要課題といえる。

*2　被措置児童
　社会的養護にある児童。いうなれば施設や里親家庭で養育を受けている児童のこと。

④　家庭的な環境での養育の推進

　2009（平成21）年12月の国連総会において「児童の代替的養護に関する指針」（以下、指針）が採択された。この指針の要点をいくつか列挙すると以下の通りである。

・子どもが家族のもとで養育を受けられるようにすることを原則とする。
・国は家族（保護者）が養育機能に対するさまざまな支援を受けられるよう保障する。
・家族のもとでの養育が困難な場合は、養子縁組など永続的解決を図る。
・幼い子どもの代替的養護は家庭を基本とした環境で提供されるべきである。
・代替的養護は一時的な措置であり、できる限り短期間であるべきである。
・大規模な施設養護は発展的に解消され、それに代わるものは個別的な少人数での養育など質を担保されたものでなければならない。

　こうした国際的な動きを背景に、わが国では要保護児童を養育する場として里親が優先して考慮されることとなり、施設養護においては小規模化、地域分散化が推進されることとなった。その結果、要保護児童の里親等（ファミリーホームを含む）への委託率は、2007（同19）年度末で10.0%であったが、2020（令和2）年度末では22.8%に増加した。また地域小規模児童養護施設は2012（平成24）年に243か所だったが、2020（令和2）年には494か所に増加した。

⑤　児童福祉法の改正と新しい社会的養育ビジョン

　2016（平成28）年に改正された児童福祉法では、子どもが権利の主体であ

ることを明確にし、家庭への養育支援から代替養育までの社会的養育の充実とともに、家庭養育優先の理念を規定し、実親による養育が困難であれば、特別養子縁組による永続的解決（パーマネンシー保障）や里親による養育を推進することを明確にした。

　児童福祉法に示された理念を具現化していくために、国は2017（同29）年に「新しい社会的養育ビジョン」（以下、ビジョン）を提示した。ビジョンでは、「就学前の子どもを原則として施設への新規入所を停止する」「３歳未満については概ね５年以内に、それ以外の就学前の子どもについては概ね７年以内に里親委託率75％以上を実現する」「学童期以降は概ね10年以内を目途に里親委託率50％以上を実現する」など高い目標が掲げられ、家庭養育原則を実現していこうとする強い意向が示された。

　またビジョンでは施設に変革を求めている。これまで社会的養護の中核を担ってきた児童養護施設では、生活単位ごとの子どもの人数は最大６人までとし、それを地域に分散させる小規模化かつ地域分散化、さらには、心理職や医師、看護師などの専門職の対応を必要とするような高いケアニーズを有する子どもの養育を担うなどの高機能化、365日24時間体制で子どもを養育しているという特性を生かして、在宅にある子どもの養育支援や里親養育支援に取り組む多機能化が求められている。実際、児童家庭支援センターやフォスタリング機関を付置する施設も増えている。

2．子どもの権利を守る取り組み

(1)　最善の利益の尊重

　子どもの権利条約では、「児童に関するすべての措置をとるに当たっては、公的若しくは私的な社会福祉施設、裁判所、行政当局又は立法機関のいずれによって行われるものであっても、児童の最善の利益が主として考慮されるものとする」（第３条第１項）と子どもの「最善の利益」の尊重を謳っている。

　これを、社会的養護の場面に関していえば、子ども一人ひとりに関係のあるすべてのことについて、どうすることがその子にとって一番よいのか、そして、その子の幸せにつながるのか、ということを第一に考えていくということである。子どもの権利を守るということは、子どもが権利として要求するすべてのことを受け入れるということではない。子どもには「心身ともに健やかに育成される権利」があり、また、成長発達の途上にあることを考えれば「適切に指導される権利」もある。基本的生活習慣、社会常識など子ど

もに教えなければならないことはたくさんある。

　子どもがあやまちを犯しそうなとき、前に立ちはだかりそれを制止しなければならないこともある。施設の職員は、常に子どもの最善の利益を第一に考えて、子どもを適切に支援しなければならない。そうすることで、子どもは心身ともに健やかに成長し、ひいては子どもの権利が守られることになる。

(2)　アドボカシーの機能

　子どもは成長発達の途上にあるので、大人のようには自分の権利を主張できなかったり、権利が侵害されたとしてもそれに対抗する術^{すべ}を知らなかったりと、自らの力で権利を守っていくことが困難である。これは年齢が低ければ低いほどなおさらである。だからこそ、身近にいる大人がその子の権利を代弁したり、子どもに代わってその権利を守っていくことが必要となる。児童福祉施設におけるこのような機能を「アドボカシー」という。

　社会的養護を必要とする子どもの多くは、家庭生活の中で親にもっとかまってほしいのに放っておかれたり、愛されたいのに殴られたり、また、施設の生活の中でもほかの子どもに気兼ねしたりと、必要以上のがまんを強いられてきている。そのため、「自分さえがまんすれば」と自らに与えられた権利に対する意識が乏しいのが実際である。

　児童養護施設などの社会的養護の分野では措置制度[*3]が残っており、子どもの意向に関係なく、児童相談所がその処遇を一方的に決定するしくみとなっている。そこで2022（令和4）年の児童福祉法の改正では、児童相談所等が行う一時保護、施設入所、里親委託、在宅指導等の決定時において、子どもからの意見聴取等が義務付けられた。さらに、都道府県は、子どもの福祉に対し知見を有する意見表明等支援員（アドボケイト）が子どもの意見または意向を把握し、それを勘案して児童相談所その他関係機関と連絡調整を行う意見表明等支援事業を実施することが努力義務とされた。

*3　措置制度
第8章1-1.「措置制度」p.137参照。

(3)　意見表明の機会の確保

　子ども自身が権利意識をもち、自分の権利を自らの力で守っていくことができるようになるためには、施設内において日頃から子どもの意向を表明する機会を確保していくことが大切である。

　子どもの権利条約でも「自己の意見を形成する能力のある児童がその児童に影響を及ぼすすべての事項について自由に自己の意見を表明する権利を確保する」（第12条第1項）と明記されている。大半の施設では、子ども会や自治会など子どもによる自治的な組織があるが、その中で施設の生活に対する

不平や不満、要求などを話し合い、それを施設長や職員にぶつけていく機会が確保されることが大切である。

　意見表明の機会を確保するということは、単にそういった時間と場所を設ければよいというものではない。子どもの意見は、子どもの年齢や成熟度に応じて尊重されなければならないのであって、意見表明の権利や機会だけを確保し、子どもから出された不平や不満、要求を放っておいては、子どもは「何を言ってもだめだ」と無力感を感じてしまう。施設の職員は、子どもの意見にしっかり耳を傾け、改善できるものがあれば改善していくという姿勢を示していくことが大切である。

　子どもは「意見を表明した結果、わずかであるが生活が改善した」という体験を積み重ねることで、権利意識が芽生え、自分の権利を自らの力で守っていこうという意欲も育っていくのである。

⑷　援助技術の向上

　児童虐待の急増によって、児童養護施設に入所する児童の半数以上が被虐待児となり、社会的養護の役割も被虐待児への支援が中心となりつつある。被虐待児が増えるにつれ、施設内でのトラブルも増加している。

　被虐待児の示す対人関係上の特徴に虐待関係の再現傾向がある。彼らは、虐待者との間にあった虐待的な人間関係を、施設で職員や他児との人間関係の中で再現してしまうのだ。つまり、職員の神経を逆なでしたり怒らせたりする言動をとることによって、暴力的な行為を引き出そうとしたり、自分より力の弱い子に対して暴力をふるってしまうこともある。このような中では、施設職員は自分を見失い、子どもに体罰等の不適切な対応をしてしまう危険に常にさらされているといえる。

　国は、児童福祉法に「被措置児童等虐待の防止等」に関する条項を加えた後に、被措置児童等虐待対応ガイドラインを作成し、虐待のさまざまな具体例を示した（表3－1）。その一つに「感情のままに、大声で指示したり、叱責したりする」という記述があるが、この記述に対して「感情を伴わない叱責なんてない。これが虐待になってしまうなら子どもの指導ができない」という施設職員からの指摘があった。このことは、権利擁護と被虐待児への対応の狭間で苦悩する養育現場の状況を象徴したものといえる。

　こうした中で、施設職員一人ひとりが援助技術の向上をさせていくことが、これまで以上に求められている。

表3-1　被措置児童等虐待の例

① 身体的虐待
- 打撲傷、あざ（内出血）、骨折、頭蓋内出血などの頭部外傷、内臓損傷、刺傷、たばこによる火傷など外見的に明らかな傷害を生じさせる行為を指すとともに、首を絞める、殴る、蹴る、叩く、投げ落とす、激しく揺さぶる、熱湯をかける、布団蒸しにする、溺れさせる、逆さ吊りにする、異物を飲ませる、食事を与えない、戸外に閉め出す、縄などにより身体的に拘束するなどの外傷を生じさせるおそれのある行為及び意図的に子どもを病気にさせる行為などを指します。

② 性的虐待
- 被措置児童等への性交、性的暴行、性的行為の強要・教唆を行うなど
- 被措置児童等の性器を触るまたは被措置児童等に性器を触らせる性的行為（教唆を含む）
- 性器や性交を見せる
- ポルノグラフィーの被写体などを強要する又はポルノグラフィーを見せる

などの行為を指します。

③ ネグレクト
- 学校等に登校させない、重大な病気になっても病院に連れて行かない、乳幼児のみを残したままにするなど
- 適切な食事を与えない、下着など長時間ひどく不潔なままにする、適切に入浴をさせない、極端に不潔な環境の中で生活をさせるなど
- 同居人や養育家庭等に出入りする第三者、生活を共にする他の被措置児童等による身体的虐待や性的虐待、心理的虐待を放置する
- 他の職員等が子どもに対し不適切な指導を行っている状況を放置する
- 泣き続ける乳幼児に長時間関わらず放置する
- 視線を合わせ、声をかけ、抱き上げるなどのコミュニケーションをとらずに授乳や食事介助を行う

などの行為を指します。

④ 心理的虐待
- ことばや態度による脅かし、脅迫を行うなど
- 被措置児童等を無視したり、拒否的な態度を示すなど
- 被措置児童等の心を傷つけることを繰り返し言う
- 被措置児童等の自尊心を傷つけるような言動を行うなど
- 他の被措置児童等とは著しく差別的な扱いをする
- 適正な手続き（強制的措置）をすることなく子どもを特定の場所に閉じ込め隔離する
- 他の子どもと接触させないなどの孤立的な扱いを行う
- 感情のままに、大声で指示したり、叱責したりする

などの行為を指します。

出典　厚生労働省「被措置児童等虐待対応ガイドライン」2022年

⑸　権利ノートの作成・配布・活用

　子どもは、自分に与えられた権利にはどのようなものがあるのか、また、権利が侵害されたときどのように守っていったらよいのかわからなかったりすることがよくある。そこで、多くの自治体では、児童福祉施設で生活する子どものために、いわゆる「子どもの権利ノート[*4]」（以下、権利ノート）を作成、配布し、守られるべき権利があること、それが施設の生活においても守られることを、しっかりと子どもに明示している。権利ノートの内容がどのようなものであるのか、例として栃木県の権利ノート（「これからの生活のために～知っておこう、私の権利～」）を表３－２に示した。

　権利ノートには、新しい生活への不安を解消するという目的もあり、施設での生活のことについて触れていたり、また、多くの子どもと生活をともにするということから、ほかの子どもの権利を守らなければならない（責任）といったことにも触れられている。

　しかし、権利ノートはあくまでも、児童福祉施設が子どもの権利を尊重し、それを積極的に守っていくことを子どもに約束したものである。だからこそ、日々の支援の実践を、権利ノートに照らし合わせながら検証していくことが必要であり、そのためにも積極的に活用されなければならない。

*4　子どもの権利ノートには、大阪府「子どもの権利ノート」、神奈川県「これからの生活に向けて～子ども一人ひとりが守られること（権利）・守ること（責任）」、千葉県「施設生活の手引き～施設で暮らすってどんなこと？～」、栃木県「これからの生活のために～知っておこう、私の権利～」などがある。

表３－２　「これからの生活のために～知っておこう、私の権利～」の項目

1　どうして施設で生活するの
2　施設ってどんなところなの
3　施設の生活は
4　学校はどうなるの
5　持つことができるものは
6　自分の意見を言うことができるの
7　いじめや差別はあるの
8　秘密は守られるの
9　家族に会いたいときは
10　どんな考えを持ってもいいの
11　趣味を楽しむことはできるの
12　自身のことや家族のことについて教えてくれるの
13　しかられたり、たたかれたりしないの
14　いやな思いをしたときは
15　施設を出たらどうなるの
16　乳児院から児童養護施設に移って生活するあなたへ

出典　栃木県保健福祉部児童家庭課『これからの生活のために～知っておこう、私の権利～』2001年

2　社会的養護の基本的な考え方

　2012（平成24）年4月より、社会的養護関係施設では第三者評価が義務化され、それに伴い国は各施設の運営指針を示した。運営指針では、社会的養護の基本理念として「子どもの最善の利益のために」「すべての子どもを社会全体で育む」の2つを掲げ、さらに社会的養護の原理として「家庭的養護と個別化」「発達の保障と自立支援」「回復をめざした支援」「家族との連携・協働」「継続的支援と連携アプローチ」「ライフサイクルを見通した支援」の6つが定義された。便宜上このように定義されたが、ここでは社会的養護を考えていく上での基本的な事項を「個の尊重」「小規模化と家庭的養護の推進」「親子関係の尊重、家族との連携・協働」の視点から記したい。

1．個の尊重

(1)　welfare（ウェルフェア）からwell-being（ウェルビーイング）へ

　和英辞典で「福祉」をひくと、welfareとwell-beingの2つの単語がある。welfareが貧困や救貧対策を中心とする特定の人に対する恩恵的保護的な福祉であるのに対し、well-beingには、すべての人々の人間的で幸福な生活の実現を支援していくという意味が含まれ、人権の尊重・自己実現とも解釈される。

　今日的な福祉は、well-being（人権の尊重・自己実現）の増進をめざして実践されており、言い換えれば、「個の尊重」の実践にほかならないのである。

　個の尊重の考え方とは、子どもはすべて一人ひとり異なる人格をもち、独立した個人として尊重されるものであることはいうまでもない。児童の福祉の目的が子どもを心身ともに健やかに育成することからすれば、個の尊重には、子ども一人ひとりに発達段階、体力、知力の違いがあることを考慮して、子ども一人ひとりのニーズにあった養育を実践することで、成長発達を保障し、その子なりの自己実現を支援していくことも含まれると考えられる。

(2)　愛着関係の再形成

　個の尊重を考える場合、子どもからの視点を忘れてはならない。

　エリクソンは、発達の第一段階（乳児期）において、その後の人間形成に

とってもっとも重要な「基本的信頼感」を身につけなければならないとし、もしこれをもつことに失敗すれば、"不信感"で特徴づけられる自己になってしまうとしている。つまり、愛されるに値しない自己、信頼できない他者といった歪んだ自己・他者イメージを獲得してしまうのである。こうした心理状況にある子どもにとって、「個人として尊重されている」と実感することは困難なことなのである。

　子どもが基本的信頼感を獲得していくのにもっとも重要なことは、自分を無条件に愛し受け入れてくれる大人との間に愛着関係を形成することである。普通ならば、親が愛着関係の対象となるが、社会的養護を必要とする子どもは、親との愛着形成が不十分で、基本的信頼感の獲得に失敗していることが多い。そうであるなら、施設での養育は、職員との愛着関係の再形成を最優先に考えなければならない。

⑶　待つことと見守ること

　愛着関係を再形成していくためには、子どもの存在そのもの（ありのままの姿）を認め、子どもが表出する感情や行動を、それが不適切なものであっても受け止めることから始めなければならない。そうすることで子どもは「自分のことがわかってもらえている」ということが実感できるのである。

　心の奥底に人間不信、または大人への不信を抱えた子どもが、改めて大人への信頼感を獲得していくプロセスは、当然のことながら平坦ではない。無気力で何もやろうとしない、弱いものをいじめる、人の物を盗むなど、問題が多く、養育者は辟易（へきえき）することもあろう。それでもありのままを認め、向きあっていかなければならない。そうやって大人への信頼が芽生えてきて初めて、前向きに生きようという意欲ややる気が出てくるのである。このようなプロセスの中で、職員の基本的な姿勢は「**待つ**」ことである。そして、意欲ややる気が出てきたら、子どもが自ら判断し行動することを保障していくこと、すなわち「主体性の保障[*5]」が大切である。

＊5　**主体性の保障**
　村井美紀「第5章　自立と自立支援」村井美紀・小林英義編『虐待を受けた子どもへの自立支援―福祉実践からの提言』中央法規出版　2002年。

　主体性の保障を日常の生活支援のレベルでいえば、それは「**見守り**」であろう。「多数の子ども」対「少数の職員」という構図の児童福祉施設では、管理的過保護と放任が表裏一体となって多くの場面でみられる。たとえば、「食事の時間、自分の食事を自分で準備しようとする幼児。お汁がこぼれそうで危なっかしい。それを見て『余計なことをして、いいから座ってなさい』という職員」。これは明らかに管理的過保護である。逆に、「朝の着替え、時間がかかりながらも初めて自分だけで着替えることができた。ほめてほしいのに、誰も気がついてくれない」。これは放任である。

　子どもは元来、主体性をもっているが、管理的過保護や放任によってその芽は摘み取られてしまう。子どもの主体的な行動は、大人に見守られることによって強化されるのである。主体的な行動が多くなると、数多くの達成感を経験するようになり、ひいては自己有能感の獲得につながり、その積み重ねが、子どもの自尊の感情を育んでいくのである。

(4)　自己領域の確保

　自我が芽生え、自我が確立していくプロセスの中で、養育者がもっと関心を払わなくてはならないことに「自己領域の確保[*6]」がある。「私の家族、私の友だち、私の先生、私の意思、私の好み、私のおもちゃ、私の洋服、私のCD、私の時間、私の部屋、私の……」。こうした自己領域の確保を保障していくことは、多くの子どもがともに生活をする児童福祉施設にとって、もっとも苦手とする部分でもある。

　養育者の共有から始まって、時間、空間、玩具など、生活のあらゆる場面で共有が存在する。「○○さん（担当職員、いわゆる養育者）の膝の上に乗りたいのに、△△ちゃんが占領している」「お母さんに買ってもらった大切なおもちゃ、××ちゃんにこわされちゃった」。このように、生活の中で自己領域は日常的に侵されているのである。

　現状の児童福祉施設では、一般家庭のように自己領域を確保していくことはむずかしい。しかしながら、生活の単位を少人数にしたり、プライバシーが守られる空間をつくったり、意図的に担当職員と1対1になれる時間と空間を設定したりするなど、自己領域の確保のために最大限の努力をしていく

*6　自己領域の確保
　遠藤浩「第1章　自立援助ホームからの提言」村井美紀・小林英義編『虐待を受けた子どもへの自立支援—福祉実践からの提言』中央法規出版　2002年。

ことが必要であろう。

　いずれにせよ、愛着関係の再形成、待つこと、見守ること、自己領域の確保などのプロセスを経て、子どもは、大人への信頼感を獲得し、さらには自尊の感情を育んでいき、ひいては自我の確立へと向かっていくのである。そうしたプロセスこそが「個の尊重」にほかならないのである。

２．小規模化と家庭的養護の推進

(1)　集団養護から家庭的養護へ

　わが国の児童養護施設の大半は、第２次世界大戦後、巷にあふれた戦災孤児の収容保護を目的として設立されたため大規模な施設が多く、そこでは、大人数の子どもを少ない職員がケアするという「集団養護」の形がとられた。せっかく集団で生活しているのだから、積極的に集団の力動性を生かして、子ども自身が自分の価値を見出し、自尊心を獲得していくことを目的として「集団主義養護理論」が唱えられたこともあった。しかしながら、集団養護は管理的、画一的にならざるを得ず、子ども集団の秩序維持が優先され、子ども個々の成長発達のニーズに十分に応えられてこなかった。こうした反省から、現在はケア単位を小規模化し、家庭的な環境で養育する「家庭的養護」への転換が進んでいる。

(2)　あたりまえの生活

　家庭的養護を考える上でのキーワードが「あたりまえの生活」である。2012（平成24）年に取りまとめられた「児童養護施設運営指針」には「社会的養護を必要とする子どもたちに『あたりまえの生活』を保障していくことが重要であり、社会的養護を地域から切り離して行ったり、子どもの生活の場を大規模な施設養護としてしまうのではなく、できるだけ家庭あるいは家庭的な環境で養育する『家庭的養護』と、個々の子どもの育みを丁寧にきめ細かく進めていく『個別化』が必要である」と記されている。そして、児童養護施設運営指針の解説版である「児童養護施設ハンドブック」では、「あたりまえの生活」について「普段私たちが何気なく行っている家庭生活のことです。食事の心配をしないで過ごせ、ゆっくり休める場があることから始まり、不安や辛いことがあれば話を聞いて慰めてもらえる、頑張ってできたことは褒めてもらえるような生活です」と記されている。

　生活様式が多様化するなか、「あたりまえの生活」そして「家庭的養護」

についての議論は始まったばかりであるが、少なくとも、外形的に家庭に近いことだけでは「家庭的」とはいえない。子ども個々の成長発達のニーズに適切に応えていく「個別化」を前提に、家庭的養護は推進されなければならない。

(3)　家庭的養護の実践と課題

今日の施設養護では、地域の一般的な住居に子ども6人[*7]を住まわせて行う地域小規模児童養護施設、本体施設内あるいは敷地内で子ども6〜8人の生活単位をつくり行う小規模グループケア[*8]などの実践があり、確実に広がってきてはいるが、次のような課題もある。

小規模化、家庭的養護推進の課題

・職員が調理も行うなど分業体制から職員が1人で多様な役割をこなすようになるため、職員の力量が問われる。未熟な職員が1人で対応しなければならないこともある。
・職員に求められる専門性は、講義や書物だけで学べるものではなく、まさしく「平凡な専門性[*9]」が求められるために、職員の育成がむずかしい。
・職員が個々のもち味を発揮しやすい反面、独善的になり不適切なかかわりになる危険性がある。
・子どもとの関係性を構築しやすく、子どもと深くかかわれる反面、子どもの問題を抱え込んでしまう危険性があり、職員自身の精神的負担も多い。
・子ども集団の中で抑圧させられていた子どもの感情が身近にいる職員に表出しやすくなり、職員への暴力が増えている。
・大きな課題をもつ子どもの場合、少人数の職員ではその見立てを行い適切に対応していくことが困難であり、生活をともにする他児への影響が大きい。
・「地域の中で育つ」ことが重要であり、地域とどのようにつながっていくのか。

家庭的養護は、職員の専門性と育成、職員と子どもの関係、地域社会との関係など、さまざまな課題を有したまま推進されている。いずれにしても、家庭的養護を推進するためにはこうした課題に向き合い、心理や教育の理論をベースに語るだけでなく、そこかしこにある優れた実践に目を向け、「家庭的」にとって大切な要素を見出していくことから始めなければならない。

*7　本体施設の定員外。

*8　敷地外で行うものを分園型小規模グループケアという。

*9　児童養護における養育のあり方に関する特別委員会「この子を受けとめて、育むために―育てる・育ちあういとなみ」全国児童養護施設協議会　2008年。

3．親子関係の尊重、家族との連携・協働

(1)　親子関係の尊重と子どもの最善の利益

　民法では、「成年に達しない子は、父母の親権に服する」（第818条）「親権を行う者は、子の監護及び教育をする権利を有し、義務を負う」（第820条）とし、法制度上からも親子関係は尊重されなくてはならない。また、円満な親子関係が心身ともに健やかな子どもを育てていくことは周知のことであり、親子関係の尊重が子どもの利益にかなうものであるというのは当然のことといえよう。

　しかし、児童虐待のように、親子関係を尊重することが子どもの利益を損なうこともあるということを忘れてはならない。児童家庭福祉にかかわる者は、「子を愛さない親はいない」「親のもとで暮らしたくない子はいない」といった幻想にとらわれることなく、子どもの最善の利益の観点から冷静に親子関係をみていくことが必要である。

(2)　親子関係の再構築と親への支援

　子どもが親との接触を嫌がることや、親が強引に連れ戻そうとするなど、通信や面会を制限しなければならないこともある。こうした場合であっても、親子関係の尊重の観点に立てば、親子関係の再構築のための支援が必要となる。忘れてはならないのは、親子関係の再構築はそれ自体に意味があり、家族との再統合（家庭復帰）を前提に行われるものではない。施設にやってくる子どもは、「自分が悪い子だから（施設に入れられた）」と誤った認識をしていたり、見捨てられ感を抱いたりしていることがしばしばある。こうした歪んだ認知を修正するためにも、親子関係の再構築は重要なことである。

　2022（令和4）年の児童福祉法改正では、親子関係形成支援事業が創設されたが、親に対する実効性のある支援システムの確立が求められている。

(3)　地域の子育て支援への参画

　社会的養護は都道府県が管轄する福祉である。身近な福祉ではなかったがゆえに、子育てに困難を感じている親であってもそれを利用することに対しての抵抗は根強い。結果として虐待が重症化し、最終手段として社会的養護が選択されるのだが、その段階に至っては親子関係が危機的な状況に陥っていることもしばしばである。

　社会的養護は決して、親から子どもを取り上げて養育する場ではない。親

子関係を尊重していくのなら、家族とともに子どもを育てていく場としても機能させていく必要がある。そう考えると、社会的養護はもっと身近な福祉にならなければならない。困ったときにちょっとだけ利用することもでき、長期にわたって利用しなければならない場合であっても、親子が疎遠にならないように支えていくような福祉でありたい。家庭での養育を基盤としながらも必要に応じて社会的養護を利用する[*10]。また、社会的養護を基盤としながらも可能な限り家庭で暮らす機会をつくる。そのためにも社会的養護は、地域（市町村）の子育て支援に参画していくことが求められている。

　市町村では要保護児童対策地域協議会（以下、要対協）を設置して、虐待など養護性の高い子ども・家庭をフォローしている。市区町村には現在、母子保健法に基づき、妊産婦や乳幼児の保護者の相談を受ける「子育て世代包括支援センター」と、児童福祉法に基づき、虐待や貧困などの問題を抱えた家庭に対応する「子ども家庭総合支援拠点」が併存しているが、2022（令和4）年の児童福祉法改正で、これらを統合し、すべての妊産婦、子育て世帯、子どもへ一体的に相談支援を行う機能を有する機関（こども家庭センター）が創設されることとなった。

　市町村の支援には限界があり、親子分離が必要となれば、児童相談所、そして社会的養護へと引き継がれていく。しかし、子どもが生まれる前から社会的自立に至るまで、一貫して子どもにかかわり、家族とのパートナーシップを組んでともに子どもを育てていこうとする組織（人）はない。地域にあって、その家庭の必要に応じて支援を届け、危機に瀕しては社会的養護につなぎ、施設入所中は施設とともに親子関係の再構築をめざしていくというように、その家庭にかかわり支え続ける組織（人）が求められている。

*10　子育て短期支援事業（ショートステイ、トワイライトステイ）。市町村の事業で何らかの事情で養育が困難な方の子どもを地域の施設で預かる。

3　自立支援・アフターケア

1．自立支援

　1997（平成9）年の児童福祉法の改正によって、児童養護施設の目的に「自立を支援する」が加わったり、「教護院」は「児童自立支援施設」に名称が変わったりと、「自立支援」は今日の児童養護のキーワードといえる。

　この背景には、施設で養護サービスを受けた子どもが、施設を退所後、うまく社会生活を送れていないという実態がある。極端な例では、施設で育っ

た子どもが、結婚して子どもをもったものの、家庭が崩壊して、その子を施設に預けるということもある。いうなれば、要保護児童を再生産しているということで、これは、社会的養護の暗部ともいえるものである。

さて、「自立」というと、自分で働いて得たお金で生活する経済的自立や、炊事・洗濯・掃除・金銭管理など生活技術の習得による身辺自立がまず考えられるが、これらは表面的なものに過ぎない。本当の意味で自立した人生を歩んでいくには、自分の進むべき方向を明らかにする適切な価値観や人生目標が形成されていなくてはならないし、また、長い人生の中で幾度となく遭遇するであろう苦難をうまく乗り越えていかなくてはならない。

そのためには、自我が確立され自分の存在に意義を見出していなくてはならないし、また、自分に対する信頼（自信）と他者に適切に依存できる社会性が必要である。このように考えると、施設における自立支援は、単に退所後の生活を想定した自活訓練だけでなく、施設養護の取り組みすべてにおいて行われるものといえる。さらに広義にとらえると、今日の社会的養護がwell-being（人権の尊重・自己実現）をめざしていることを考えれば、社会的養護そのものが自立支援といえるのである。

2．アフターケア

(1) 強いられる自立

児童福祉法は、その対象を18歳までとしている以上、施設の子どもは高校卒業と同時に就職、退所し、否応なく社会に出て自立を強いられる。また、高校卒業を待たずに施設を退所し自立していく子どもも数多く存在する。

児童養護施設入所者の高校等進学率（高等学校、盲・聾・特別支援学校高等部、高等専門学校）は、ほぼ毎年上昇しており、2019（令和元）年度末に中学を卒業した児童では94.9％（全国平均98.8％）、一方就職率は2.2％であった（図3－1）。施設の子どもにとって高校進学はごくあたり前のことになってきたし、大学進学[11]の道も開かれてきた。

その一方で、何らかの理由で高校を中退してしまう子どもも多い[12]。また、知的障害や発達障害を抱え特別支援学校に在籍している子どもも多い[13]。彼らは施設で生活している間は、さまざまな支援が受けられるが、施設退所後、自立への筋道が立たないまま不安定な生活を余儀なくされることが多い。こうした子どもには、措置を延長（社会的養護施設では自立が困難等の理由があれば20歳までの在籍が可能）したり、社会的養護自立支援事業[14]の制度を利用しな

図3－1　中学卒業時点で児童養護施設に在籍していた児童の高等学校等進学率と就職率の年次推移

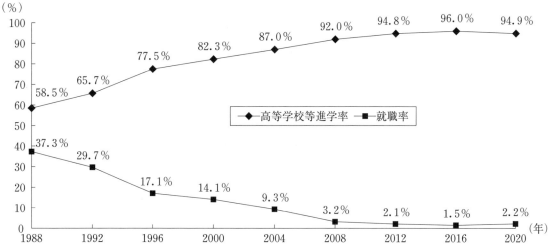

出典　全国児童養護施設協議会調査研究部『児童養護施設における自立支援の充実に向けて─児童養護施設入所児童の
　　　進路に関する調査報告書』2006年をもとに最新のデータを加えて作成

がら、社会生活を営んでいく上での十分な準備をしていくことが求められている。

　一般家庭の子どもの場合、たとえ高校卒業後に就職して家を出ることになっても、親からの物心両面の支援を受けていることが多い。たとえば、職を失うなどで生活が破たんしても、いったん実家に戻って、再スタートの準備ができるのである。一方、施設の子どもの場合、実家がなかったり、その機能を失っている子が多く、「職を失うこと＝生活の拠点を失うこと」にもなりかねないのだ。

　このように施設を退所した後の子どもを取り巻く環境はあまりに厳しく、彼らが社会的自立を果たしていくことは容易ではない。

　施設の子どもの社会的自立には次のような困難がある。

・子どもの能力にかかわらず、高校卒業と同時に就職、退所し、自立を
　強いられる。
・親や親族から金銭や住居などの支援が期待できない。
・不安定な職業につくことが多い。
・最終的なよりどころとなる絶対的な安全基地をもたない。

⑵　施設の役割

　施設では、退所によって子どもとの関係は形式的には切れるものの、これまで養育に携わってきた経緯から、退所した後も就労や生活上の相談にのるなどさまざまな面で子どもを支えていくことは施設の大切な役割と考えられてきた。アフターケアを考える上で重要なことは、子どもが「失敗しても支えてくれる人がいる」と思えることで、その意味では、アフターケアはとても時間と労力を必要とし、施設全体で取り組むことが求められる。

　2004（平成16）年の児童福祉法の改正で、児童養護施設の目的に「施設を退所した者に対する相談その他の自立のための援助を行うこと」が加えられ、施設退所後の支援（アフターケア）も業務とされた。しかしながら、アフターケアについての施策は整備されはじめたところであり、まだ施設の職員のボランタリズムに支えられているのが現実である。

⑶　アフターケアの事業に関する動向

　アフターケアのための事業として歴史があるのが自立援助ホームである。

　自立援助ホームは、児童養護施設のアフターケア施設として始まり、その歴史はすでに半世紀以上になる。1997（平成9）年、ようやく児童福祉法に「児童自立生活援助事業」として位置付けられた。1997（同9）年、全国で18か所だった自立援助ホームも、年々その必要性が増し、2023（令和5）年4月現在で262か所までに拡充してきた。

　施設を退所した者は、表面的には自立した生活をしていても、社会の中で孤独感を抱きながら生きている。2007（平成19）年、東京で施設を退所した若者たちが中心となって、施設退所者が気軽に立ち寄れる場をつくろうと自助グループ（サロン）を立ち上げ、2010（同22）年には「退所児童等アフターケア事業」として予算化された。

　また、児童養護施設を退所した子どもの就労については、高等学校等の卒業後に就職した子どものうち、26.2％が1年以内に退職しているとの報告[15]もある。施設退所後、確実なよりどころをもたない子どもにとって離職は、それでなくとも不安定な生活をより不安定にしかねない。そのため、2013（同25）年、児童養護施設等入所児童や里親委託児童について退所前・委託解除前および退所後・委託解除後において就業支援を行う「児童養護施設の退所者等の就業支援事業」が予算化された。

　これらの事業は、2017（同29）年からスタートした「社会的養護自立支援事業」に統合された。この事業では、住居を確保する支援や生活費の支給なども新たに盛り込まれた。

[15]　「平成24年度児童養護施設入所児童の進路に関する調査報告書」全国児童養護施設協議会

　このほかに退所者が住居を借りたり、就職した際の支援として「身元保証人確保対策事業」もある。

　こうしたアフターケア事業には、これまで22歳に達した年度末までと一律の年齢制限が設けられていた。2022（令和4）年の児童福祉法の改正によって、年齢制限は撤廃され、必要とされる期間は支援を継続できることとなった。あわせて、施設等退所者が通所や訪問等により支援を受けられる拠点を設置する事業が創設された。

　こうした事業によって、施設退所者が「支えられている」と実感できることでエンパワメントされるとともに、就職活動の支援や就職後のフォローアップなどを通して、彼らが就労を継続しながら真に自立した生活を送れるようになっていくことが期待されている。また、支援が施設退所者の多くに行き渡ることで、彼らが自立していく上での課題が明らかになれば、施設入所中の支援を考える契機ともなろう。

　施設の外側で実施されるアフターケア事業は拡大してきているが、施設が退所者のアフターケアの中核を担うことは言うまでもなく、施設はアフターケア事業を担う者たちと連携しながら、退所後の生活を見守り続けることが求められている。

〈参考文献〉

1）村井美紀・小林英義編『虐待を受けた子どもへの自立支援─福祉実践からの提言』中央法規出版　2002年
2）厚生労働省雇用均等・児童家庭局家庭福祉課監修『子どもの権利を擁護するために』財団法人日本児童福祉協会　2002年
3）飯田進・大嶋恭二・小坂和夫・豊福義彦・宮本和武『養護内容総論　改訂版』ミネルヴァ書房　2001年
4）西澤哲『トラウマの臨床心理学』金剛出版　1999年
5）東洋・繁多進・田島信元編『発達心理学ハンドブック』福村出版　1992年
6）厚生労働省雇用均等・児童家庭局「社会的養護の現状について」2017年
7）厚生労働省雇用均等・児童家庭局「社会的養護の課題と将来像の実現に向けて」2016年
8）厚生労働省雇用均等・児童家庭局「児童養護施設運営ハンドブック」2014年
9）福田雅章「家庭的養護の課題─子どもを育む環境」『季刊児童養護』Vol.45　No.1　全国児童養護施設協議会　2014年
10）福田雅章「家族とのパートナーシップ」『季刊児童養護』Vol.46　No.2　全国児童養護施設協議会　2015年

コラム　親子関係の再構築とは、親子が互いを理解すること

　３歳で施設に入所したＡ子。母親は未婚でＡ子を出産、生活力がなく男性への依存が強いが、DV被害で関係は長く続かない。母親もＡ子も一緒に暮らすことを願っていた。これまでに２度、母親は内縁関係にある男性を連れてきては引き取りを求めたが、男性との関係が破たんし家庭復帰は見送られた。

　小学６年生のとき、施設の親子生活訓練室に母子で宿泊する機会があった。Ａ子は自分で料理を作って母親に食べてもらおうと意気込んでいた。チンジャオロースを作ってあげたそうだ。母親が帰った後で、Ａ子に「あなたが料理をしているときお母さんは何をしてたの？」と聞くと、「ビール飲みながらテレビを観てた」と。
さらに「どうしてほしかった？」と聞くと、「そばにいて、料理するのを見ていてほしかった」と。

　その後も母親が付き合う男性は変わった。母親は頻繁に電話をかけてきては、Ａ子に一緒に暮らすことを求めてくる。今、Ａ子は「お母さんは大好きだけれど、一緒に暮らすのは不安だ。だから高校を卒業するまで施設で暮らしたい」と言う。小さい頃から母親との暮らしを夢見ていたＡ子にとって、親子関係の再構築のプロセスは親を理解するプロセスだったのだ。

第4章

◆ ◆ ◆社会的養護にかかわる法律と制度◆ ◆ ◆

キーポイント

　　ここでは社会的養護にかかわる法律と、現在の社会的養護の体系、社会的養護にかかわる問題が発生した際に相談援助機関となる児童相談所等の役割や仕組みについて学ぶ。

　　社会的養護の法体系は、日本国憲法第25条の生存権の理念に基づき定められている。その中心である児童福祉法によって制度が具体的に体系化され、子どもの権利擁護に関する法律や障害のある子どもに関する法律などが定められている。

　　日本における社会的養護は、大きく施設養護と家庭養護に分類することができる。現在の流れとして、家庭養護の推進や施設養護における生活単位の小規模化が進められている。

　　社会的養護にかかわる問題が発生した場合、児童相談所、市町村、福祉事務所などがその窓口となる。社会的養護にかかわる問題では、当事者の福祉ニーズが表面に現れにくいことが多く、相談援助機関が問題を掘り起こし、必要な支援を実施することが求められる。

1　社会的養護にかかわる法律

1．社会的養護の根源となる法律

(1)　日本国憲法と児童憲章

　ここでは社会的養護の理念、基本的な考え方を制度として具体的な形にする法体系について整理していく。

　社会的養護は、子どもの健やかな成長と発達を支援し、子どもの最善の利益をめざす極めて根源的な人間の営みである「子どもの養育」を国家や社会にその責任を求めるものである。一方で、憲法は国民の根源的な権利と自由を守るために国家権力を制約して命令する役割をもっている。つまり社会的

養護の概念は憲法の役割と大きなかかわりをもっているのである。

　日本国憲法は、多くの基本的人権を保障しているが、第25条には生存権に関する国の社会的責任が規定されている。本条では最低限度の生活の権利と国の責任が明示され、戦後から今日まで引き継がれてきている。

日本国憲法
第25条　すべて国民は、健康で文化的な最低限度の生活を営む権利を有する。
②　国は、すべての生活部面について、社会福祉、社会保障及び公衆衛生の
　向上及び増進に努めなければならない。

　日本国憲法第25条の生存権の理念に基づき、児童を対象とした制度として具体的に体系化したものが児童福祉法である。

　日本国憲法および児童福祉法の精神を踏まえて、児童福祉に対する国民の意識を啓発する目的で定められたものが児童憲章である。児童憲章の中で社会的養護に関連の深い条文は第2項にあり、「すべての児童は、家庭で、正しい愛情と知識と技術をもって育てられ、家庭に恵まれない児童には、これにかわる環境が与えられる」とあり、子どもの養育についての社会的責務が述べられている。

　社会的養護の諸制度はこれらの方針を土台として、広く子どもの最善の利益を保障する観点をもちながら今日まで発展してきた。

(2)　こども基本法

　子どもに関する施策を総合的に推進していくための包括的な基本法*1として、2022（令和4）年6月に成立し、2023（同5）年4月にこども家庭庁が創設されるのと同時に施行された。

　子ども基本法は日本国憲法及び子どもの権利に関する条約の精神にのっとり、すべての子どもが将来にわたって幸福な生活を送ることができる社会の実現を目指し、子ども政策を総合的に推進することを目的としている。子どもの権利にかかわる問題は福祉分野にとどまらず、教育、司法、医療・保健等に広くまたがっている。子どもを巡る諸課題に抜本的に対処し、子どもの権利施策について多角的に整合性をもって施策展開するために、基本法という形式で定められた。

　具体的には、子どもが大人になるまでの切れ目のないサポートとして、居場所づくり、いじめ対策や、子育てに伴う喜びが実感できるような、仕事と子育てを両立しやすい環境づくり、相談窓口の設置等があげられている。また、これらと一体的に実施される、教育施策、雇用施策、医療施策への関与

*1　基本法とは、国政に重要なウエイトを占める分野について国の制度、政策、対策について基本法方針、原則、大綱を明示するものである。基本法の特質として、憲法と個別法との間をつなぐものとして、憲法の理念を具体化する役割を果たしているといわれている。

等が考えられる。社会的養護の分野においても、子どもの権利の保障や権利擁護の視点に根差した制度設計、取り組みや支援のあり方について議論が深まっていくことが期待される。

(3)　児童福祉六法

　子どもの育成に関する公的責任は、「児童福祉法」を柱として、「児童手当法」「児童扶養手当法」「特別児童扶養手当等の支給に関する法律」「母子及び父子並びに寡婦福祉法」「母子保健法」などによって法制度的に保障されており、これらの法律は「児童福祉六法」といわれている。

①　児童福祉法
　児童福祉に関する基本的な法律であり、1947（昭和22）年12月に制定され、翌年1月から施行された。

②　児童手当法
　子ども・子育て支援法第7条第1項に規定する子ども・子育て支援の適切な実施をはかるため、児童を養育している者に児童手当を支給することにより、家庭等における生活の安定に寄与するとともに、次代の社会を担う児童の健やかな成長に資することを目的としている。1971（昭和46）年5月に制定され、翌年1月から施行された。

③　児童扶養手当法
　父または母と生計を同じくしていない児童が育成される家庭の生活の安定と自立の促進に寄与するため、その児童について児童扶養手当を支給することにより児童の福祉の増進をはかることを目的としている。1961（昭和36）年11月に制定され、翌年1月から施行された。

④　特別児童扶養手当等の支給に関する法律
　精神または身体に障害を有する児童に「特別児童扶養手当」を、精神または身体に重度の障害を有する児童に「障害児福祉手当」を、精神または身体に著しく重度の障害を有する者に「特別障害者手当」を支給することにより、これらの者の福祉の増進をはかることを目的としている。1964（昭和39）年7月に制定され、同年9月から施行された。

⑤　母子及び父子並びに寡婦福祉法
　母子家庭等および寡婦に対し、その生活の安定と向上のために必要な措置を講じ、もって母子家庭等および寡婦の福祉をはかることを目的としている。1964（昭和39）年7月に母子福祉法として制定・施行され、1981（同56）年に題名が母子及び寡婦福祉法に改正され、2014（平成26）年に題名が母子及び父子並びに寡婦福祉法に改正された。

図4－1　社会的養護に関する法令等の枠組み

法律	・児童福祉法　等
政令	・児童福祉法施行令　等
省令	・児童福祉法施行規則　等
告示	・児童福祉施設の設備及び運営に関する基準 ・里親が行う養育に関する最低基準　等
通達・通知	・社会的養護施設運営指針及び里親及びファミリー 　ホーム養育指針について　等

⑥　母子保健法

　母性並びに乳児および幼児の健康の保持および増進をはかるため、母性並びに乳児および幼児に対する保健指導、健康診査、医療その他の措置を講じ、国民保健の向上に寄与することを目的としている。1965（昭和40）年8月に制定され、翌年1月から施行された。

2．児童福祉法と社会的養護

　児童福祉法は、すべての児童の健全な育成、発達を保障し、児童とその福祉に関する基本的な法律だが、戦後間もない1947（昭和22）年に施行された当初は、困窮する子どもの保護、救済が主な目的であった。児童福祉法は、わが国の社会福祉法制度に先駆けて制定され、その意味で社会的養護は児童福祉の原点であるといえる。また、社会的養護の制度は児童福祉法を中心として多様な法令・通達・通知[*2]により構築されている（図4－1）。

　児童福祉法の第1条～第3条には、「児童福祉の理念」「児童育成の責任」「原理の尊重」が掲げられている。

　第1条では、児童は未完成の社会的な弱者として基本的人権が保護されるべきであり、児童が将来の社会を担うべきものであるという社会的意義を認め、適切な養育を受け、健やかな成長・発達や自立を保障されることを明確に示している。

【児童福祉の理念】
第1条　全て児童は、児童の権利に関する条約の精神にのつとり、適切に養育されること、その生活を保障されること、愛され、保護されること、その心身の健やかな成長及び発達並びにその自立が図られることその他の福祉を等しく保障される権利を有する。

＊2　通知
　一般的に、特定人または不特定多数の人に対して法令の解釈等といった特定の事項を知らせるために出されるもの。

　第2条は、児童の福祉をはかる上で責任をもつ者を示した規定である。児童は成人と違い心身ともに未成熟であって、自らを十分に守ることができないため、国民はすべての児童の健全な育成に積極的な力を注ぐ責任があるとされている。国の児童への義務についての記述であり、これは日本国憲法第25条第2項に対応している。

　児童は、保護者に対してのみでなく、国および地方公共団体に対しても上記の権利を有するものである。児童の権利についての記述であり、これは日本国憲法第25条第1項に対応している。

　このように親など児童に対して親権を行使する者は、民法によりその責任が定められているが、それだけでは不十分であるため、児童を現に監護している保護者と国および地方公共団体に対して、児童の福祉に対する責任を明確化している。

【児童育成の責任】
第2条　全て国民は、児童が良好な環境において生まれ、かつ、社会のあらゆる分野において、児童の年齢及び発達の程度に応じて、その意見が尊重され、その最善の利益が優先して考慮され、心身ともに健やかに育成されるよう努めなければならない。
②　児童の保護者は、児童を心身ともに健やかに育成することについて第一義的責任を負う。
③　国及び地方公共団体は、児童の保護者とともに、児童を心身ともに健やかに育成する責任を負う。

　第3条では、第1条および第2条の児童福祉の原理が、児童福祉法だけでなく、児童に関するすべての法令の指導原理である重要な地位を有し、児童に関するすべての法令の施行に際し、尊重されなければならないことを明らかにしている。

【原理の尊重】
第3条　前二条に規定するところは、児童の福祉を保障するための原理であり、この原理は、すべて児童に関する法令の施行にあたつて、常に尊重されなければならない。

　第3条の2では、要保護児童の養育方法について述べられている。「家庭における養育環境と同様の養育環境」とは現制度では養子縁組、里親、ファミリーホームが該当し、「できる限り良好な家庭的環境」とは、地域小規模児童養護施設（グループホーム）や小規模グループケア等が該当することとなる。

【国及び地方公共団体の責務】
第3条の2　国及び地方公共団体は、児童が家庭において心身ともに健やかに養育されるよう、児童の保護者を支援しなければならない。ただし、児童及びその保護者の心身の状況、これらの者の置かれている環境その他の状況を勘案し、児童を家庭において養育することが困難であり又は適当でない場合にあつては児童が家庭における養育環境と同様の養育環境において継続的に養育されるよう、児童を家庭及び当該養育環境において養育することが適当でない場合にあつては児童ができる限り良好な家庭的環境において養育されるよう、必要な措置を講じなければならない。

　社会的養護を必要とする子ども（要保護児童）とは、児童福祉法第6条の3に「保護者のない児童又は保護者に監護させることが不適当であると認められる児童」と定義されている。具体的には、保護者が子どもを虐待したり、非行児童に適切な監護を行わず、助言や相談等の保護者への支援では子どもの福祉が守れない場合などである。

　なお、児童福祉法では18歳未満の者を「児童」と定義している。

3．子どもの権利擁護に関連する法律

(1)　児童虐待防止法

　1990年代に児童虐待が社会問題として顕在化していく中で、2000（平成12）年に「児童虐待の防止等に関する法律」（児童虐待防止法）が施行された。

　児童虐待は、家庭におけるしつけとは異なり、親権や親の懲戒権で正当化されるものではない。虐待は、子どもの人権を著しく侵害し、心と身体の成長と人格の形成に大きな影響を与えるとともに、虐待を受けた子どもが親になったとき、また自分の子どもに虐待をしてしまうというように、次の世代に引き継がれるおそれがある。このような児童虐待問題を早期に発見し、解決するために、児童虐待の防止等に関する施策を促進し、児童の権利利益を擁護することを目的としている。

　同法では児童虐待を「身体的虐待」＊3「性的虐待」＊4「ネグレクト」＊5「心理的虐待」＊6と定義し、児童虐待の禁止、予防、早期発見その他の児童虐待の防止に関する国および地方公共団体の責務、被虐待児の保護および自立の支援のための措置等が定められている。

> 【目的】
> 第1条　この法律は、児童虐待が児童の人権を著しく侵害し、その心身の成長及び人格の形成に重大な影響を与えるとともに、我が国における将来の世代の育成にも懸念を及ぼすことにかんがみ、児童に対する虐待の禁止、児童虐待の予防及び早期発見その他の児童虐待の防止に関する国及び地方公共団体の責務、児童虐待を受けた児童の保護及び自立の支援のための措置等を定めることにより、児童虐待の防止等に関する施策を促進し、もって児童の権利利益の擁護に資することを目的とする。

(2)　児童買春・児童ポルノ禁止法

正式には、「児童買春、児童ポルノに係る行為等の規制及び処罰並びに児童の保護等に関する法律」であり、1999（平成11）年から施行され、2004（同16）年、2014（同26）年に改正されている。

児童に対する性的搾取や性的虐待が児童の権利を著しく侵害することの重大性から、児童買春、児童ポルノに係る行為を規制し、処罰するとともに、これらの行為等により心身に有害な影響を受けた児童の保護のための措置等を定めることによって、児童の権利を擁護することを目的としており、児童買春等を行った者に対する処罰、捜査等における児童の人権への配慮、心身に有害な影響を受けた児童の保護のための施策等が定められている。

(3)　DV防止法

正式には、「配偶者からの暴力の防止及び被害者の保護等に関する法律」であり、2002（平成14）年に施行された。配偶者等からの暴力（ドメスティック・バイオレンス：DV）に係る通報、相談、保護、自立支援等の体制を整備し、配偶者等からの暴力の防止および被害者の保護をはかることを目的とする法律である。

母子生活支援施設[*7]では、DV被害者（入所理由が夫等の暴力）が入所者の50.7％を占めている。母親に対する支援としては、関係機関と連携し、生活支援、子育て支援、就労支援等、総合的な自立支援が行われている。また、DV被害を受けた母親の心のケアや自己肯定感の回復をはかる。DV被害や虐待を受けた子どもに対しては、関係機関と連携し、心のケアや生活、学習の基盤を再構築することや、安心できる場で、安心できる「おとなモデル」を提供し、自己肯定感や大人への信頼の回復を通じ、暴力によらない人間関係の再構築を支援することが行われている。

*7　母子生活支援施設
第5章1－2.「母子生活支援施設」p.87参照。

⑷　子どもの貧困対策推進法

　正式には、「子どもの貧困対策の推進に関する法律」であり、2014（平成26）年に施行された。子どもの将来が生まれ育った環境に左右されることなく、育成環境の整備、教育の機会均等などの貧困対策の基本事項を定めている。

　この法律の中で、政府には就労、生活、教育面などでの支援の指針となる子どもの貧困対策に関する大綱の作成と、実施状況の毎年の公表を義務付け、都道府県には、子どもの貧困対策計画を定めることを努力義務としている。

⑸　民　　法

　民法とは、契約・事故・家族関係などの責任や関係性について定めた法律である。未成年の子の親がもつ「親権」についても定められている。

　2011（平成23）年の改正では、虐待する親から子どもを守る親権制限の制度は期間を定めない「親権喪失制度」と「管理権喪失制度」、期限つきで親権を制限する「親権停止」の制度が加えられた（第3章参照）。

　親権の喪失や停止について、子ども本人も審判の申立人に加わることができるようになるほか、未成年者への法人後見も可能とし、その担い手として児童養護施設等を運営する社会福祉法人等が想定されている。

　2022（令和4）年12月、親権者による子どもへの懲戒権の規定を削除する民法改正案が成立し、2022年12月16日の公布日に施行された。「親権を行う者は、第820条*8の規定による監護及び教育に必要な範囲内でその子を懲戒することができる」と懲戒権を定めていたがこれを削除し、新たに「親権を行う者は、前条の規定による監護及び教育をするに当たっては、子の人格を尊重するとともに、その年齢及び発達の程度に配慮しなければならず、かつ、体罰その他の子の心身の健全な発達に有害な影響を及ぼす言動をしてはならない」とする規定が新設された。

＊8　民法第820条「親権を行う者は、子の利益のために子の監護及び教育をする権利を有し、義務を負う」

4．障害のある子どもに関連する法律

　障害のある子どもに関連する法律として、施策の基本となる事項を定めた障害者基本法と、具体的な支援を定めた児童福祉法、障害者総合支援法、発達障害者支援法がある。

⑴　障害者基本法

　障害者基本法は、障害のある人の法律や制度について基本的な考え方を示

している。本法律は「全ての国民が、障害の有無にかかわらず、等しく基本的人権を享有するかけがえのない個人として尊重されるものであるとの理念にのっとり、全ての国民が、障害の有無によつて分け隔てられることなく、相互に人格と個性を尊重し合いながら共生する社会を実現する」ことを目的としている。

第16条（教育）では、年齢、能力に応じ、「その特性を踏まえた十分な教育が受けられるよう（中略）障害者でない児童及び生徒と共に教育を受けられるよう配慮しつつ、教育の内容及び方法の改善及び充実を図る等必要な施策を講じ」ることとされている。

第17条（療育）では、「障害者である子どもが可能な限りその身近な場所において療育その他これに関連する支援を受けられるよう必要な施策を講じ」ることとされている。

(2)　児童福祉法

児童福祉法には「障害児」の定義[9]や、障害児における具体的な支援についても定められている。

児童福祉法で定められている障害児の福祉サービスは、施設への入所による「障害児入所支援」と、通所による「障害児通所支援」に大きく分けられている。また「障害児通所支援」については、療育の観点から集団療育および個別療育を行う必要があると認められる未就学の障害児並びに上肢、下肢または体幹の機能の障害のある子どものための「児童発達支援」、学童期にあたる障害児のための「放課後等デイサービス」、障害等により外出が著しく困難な障害児のための「居宅訪問型児童発達支援」、保育所等[10]に通う障害児のための「保育所等訪問支援」が定められている。

(3)　障害者総合支援法

正式には、「障害者の日常生活及び社会生活を総合的に支援するための法律」である。本法律は、2006（平成18）年4月に「障害者自立支援法」として施行され、2013（同25）年に「障害者総合支援法」へと法改正が行われた。

障害者総合支援法は、障害者基本法の理念にのっとり、身体障害者福祉法、知的障害者福祉法、精神保健及び精神障害者福祉に関する法律、児童福祉法その他障害者および障害児の福祉に関する法律と相まって、障害者・障害児が自立した日常生活または社会生活を営むことができるよう、必要な障害福祉サービスに係る給付その他の支援を行うことを目的としている。

障害者総合支援法のサービスは、大きく自立支援給付と地域生活支援事業

*9　「身体に障害のある児童、知的障害のある児童、精神に障害のある児童（発達障害者支援法第2条第2項に規定する発達障害児を含む。）又は治療方法が確立していない疾病その他の特殊の疾病であつて障害者の日常生活及び社会生活を総合的に支援するための法律第4条第1項の政令で定めるものによる障害の程度が同項の主務大臣が定める程度である児童」と定められている（第4条第2項）。

*10　2016（平成28）年の児童福祉法改正により、乳児院、児童養護施設に入所している障害児についても対象となった。

の2種類がある。

　障害児に関する自立支援給付のうち、主な介護給付としては、ホームヘルプ（居宅介護）とショートステイ（短期入所）がある。

　ホームヘルプは重度の障害のため日常生活を営むのに著しく困難な障害児のいる家庭にホームヘルパーを派遣して、適切な家事、介護等の日常生活を営むのに必要なサービスの提供を行う。ショートステイは自宅で介護を行っている方が病気などの理由により介護を行うことができない場合に、障害児を一時的に施設へショートステイさせ、入浴、排せつ、食事のほか、必要な介護を行う。ショートステイは、介護者にとってのレスパイトサービス（休息）としての役割も担っている。

(4)　発達障害者支援法

　発達障害者支援法（2005（平成17）年4月施行）は、自閉症、アスペルガー症候群その他の広汎性発達障害、学習障害、注意欠陥多動性障害などの発達障害を有する者に対する援助等について定めた法律である。

　本法律の第1条では、発達障害者の心理機能の適正な発達および円滑な社会生活の促進のために発達障害の症状の発現後できるだけ早期に発達支援を行い、切れ目なく発達障害者の支援を行うことが特に重要であることに鑑み、発達障害を早期に発見し、発達支援を行うことに関する国および地方公共団体の責務を明らかにしている。また、学校教育における発達障害者への支援、発達障害者の就労の支援、発達障害者支援センターの指定等について定めることにより、発達障害者の自立および社会参加のためのその生活全般にわたる支援をはかり、障害の有無によって分け隔てられることなく、相互に人格と個性を尊重し合いながら共生する社会の実現に資することを目的とすると述べられている。

　発達障害に対する国民の理解の広がりとともに、本法律で発達障害の定義が確立したことから、各障害者法制度に発達障害の位置付けが定着した。これにより、乳幼児期から高齢期までの切れ目のない支援など、時代の変化に対応したよりきめ細かな支援が求められるようになり、2016（同28）年に法律の改正が行われた。条文の基本理念に「発達障害者の支援は、社会的障壁の除去に資することを旨として、行われなければならない」という項目が追加され、保護者等が日ごろから取り組んでいる「環境調整」による支援を社会の責任で行うことを明記している。

2　社会的養護の制度

1．社会的養護の体系

　図4－2は社会的養護の体系を図示したものである。子どもが養育される場は、子どもの家庭における親自身による養育（家庭養育）と社会的養護に大別される。社会的養護は「補完的養護」「支援的養護」「代替的養護」に分類することができる。さらに代替的養護は「施設養護」と「家庭養護」に区別される。

　補完的養護とは、家庭での養育を基本としながら、通所施設である保育所や児童発達支援センターで日中のある一定時間、保護者に代わって補完的な養護を受けることを指している。

　支援的養護とは、子どもや親子の厚生や自立支援を目的とする一時利用の施設やサービスを指し、母子生活支援施設等があげられる。

　代替的養護とは、保護者に代わり子どもの養育やケアを持続的に行う施設や制度のことであり、施設養護と家庭養護に分類される。

(1)　施設養護

　施設養護とは、子どもを児童福祉施設において養育することである。乳児院、児童養護施設、児童心理治療施設、児童自立支援施設が中心となり、障害児入所施設等でその役割を果たしている場合もある。また、児童心理治療施設と児童自立支援施設は子どもの心理治療的支援、心理療法、個々の児童に必要な生活指導、更生プログラム等の治療的ケアが行われる。

　施設養護は多人数を一つの生活単位とするあり方から、少人数を一つの生活単位とする運営への転換が求められており、より小規模で家庭に近い地域小規模児童養護施設（グループホーム）、小規模グループケアや自立援助ホームは「家庭的養護」として小分類することができる。地域小規模児童養護施設は子どもの定員が6人で専任職員が2人以上で構成される。小規模グループケアは1グループの子どもの定員が6～8人で、これを生活単位（ユニット）とし、1人部屋または2人部屋の居室と、居間、キッチン、浴室、洗濯機、トイレなどの家庭的な設備を設けるとともに、グループ担当の職員を配置する。このようなユニットを本体施設内に複数集めて設けられる形態である。

図4－2　社会的養護の体系

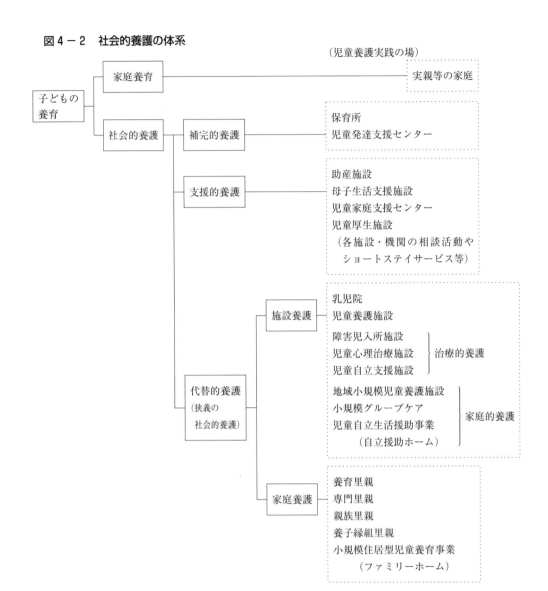

(2)　家庭養護

　家庭養護とは、子どもを保護者に代わる養育者の家庭で養育することである。具体的には養育里親に代表される里親制度と小規模住居型児童養育事業（ファミリーホーム）がある。

　里親制度については第7章で述べるが、子どもと養育者の愛着関係を育みやすい環境であることの長所が大きく、国の施策方針として積極的に里親委託を推進していく方向にある。小規模住居型児童養育事業は「ファミリーホーム」とも呼ばれ、一般的に2人の養育者（夫婦）と1人以上の補助者により5～6人の児童を養育する。「里親及びファミリーホーム養育指針」では、

ファミリーホームは養育者の家庭に子どもを迎え入れる家庭養護の形態であり、施設が小さくなったものではなく里親家庭が大きくなったものであるとされている。

(3)　新しい社会的養育ビジョン

2016（平成28）年の児童福祉法改正により、子どもが権利の主体であること、実親による養育が困難な場合、里親や特別養子縁組等で養育される、家庭養育優先の理念が規定された。この改正法を具体化するため、「社会的養護の課題と将来像」（2011（同23）年7月）を全面的に見直し、2017（同29）年8月「新しい社会的養育ビジョン」が取りまとめられ発表された。

新しい社会的養育ビジョンでは、市区町村における子ども家庭相談支援体制を整備し、市区町村が主体となり在宅での養育支援の構築を図っていくとともに、親子分離が必要な場合は、代替養育は家庭での養育を原則とし、里親やファミリーホームを優先し、できる限り小規模な家庭的養護を推進することが明示されている。また、家族再統合が極めて困難と判断された子どもは特別養子縁組によるパーマネンシー保障を優先して検討することが示されている。

2．社会的養護における相談体制

社会的養護にかかわる問題が発生した場合、児童相談所、市町村、福祉事務所などの相談援助機関が窓口となり、地域のさまざまな社会資源を活用して問題の解決にあたる。社会的養護にかかわる問題では、当事者の福祉ニーズが潜在的（表面に現れることがなく）であることが多く、相談援助機関が問題を掘り起こし、必要な支援を実施することが求められる。

(1)　児童相談所
①　児童相談所の役割

児童相談所は、市町村と協働・連携・役割分担をはかりつつ、子どもに関する家庭等の相談に応じ、子どもがもつ問題やニーズ、置かれた環境の状況等を捉え、個々の子どもや家庭に適切な援助を行うことで、子どもの福祉をはかるとともに、その権利を擁護することを主な目的とした子ども家庭福祉の専門行政機関である。

都道府県、政令指定都市は設置が義務付けられており、中核市・特別区は任意で設置することができる。

図4−3　市町村・児童相談所における相談援助活動系統図

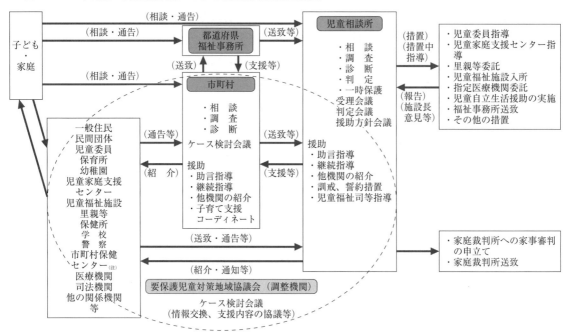

注　市町村保健センターについては、市町村の児童家庭相談の窓口として、一般住民等からの通告等を受け、相談援助
　業務を実施する場合も想定される。
出典　厚生労働省雇用均等・児童家庭局「児童相談所運営指針」2022年

*11 政令指定都市の長または、児童相談所設置市の長を含む。

　児童相談所は都道府県知事*11から権限委任され、子どもの児童福祉施設への入所措置、措置解除の業務を行っている。また市町村や福祉事務所、社会的養護を行う児童福祉施設などにとって重要な連携機関となっている（図4−3）。

　児童相談所には、児童福祉司、医師、保健師、児童心理司等の専門職が配置されており、児童虐待発生時の迅速・的確な対応を行うため、常時弁護士またはこれに準ずる措置を行うこととされている。

② 児童相談所の業務

児童相談所の業務については以下のような内容があげられる。

① 市町村の児童福祉相談等の実施に関し、市町村間の連絡調整、情報提供等を行うこと。

② 児童に関するさまざまな問題について、家庭や学校などからの相談に応じること。

③ 児童およびその家庭につき、必要な調査並びに医学的、心理学的、教育学的、社会学的および精神保健上の判定を行うこと。

④ 児童およびその保護者につき、②の調査または判定に基づいて心理ま

図4－4　児童相談所における相談援助活動の体系・展開

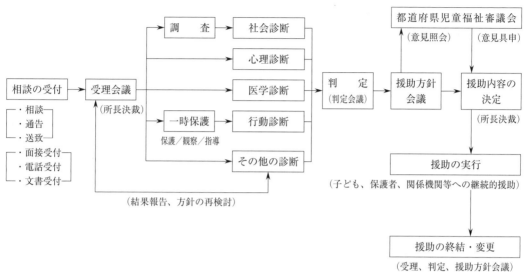

出典　厚生労働省雇用均等・児童家庭局「児童相談所運営指針」2022年

たは児童の健康および心身の発達に関する専門的な知識および技術を必
要とする指導その他必要な指導を行うこと。

⑤　児童の一時保護を行うこと。

⑥　里親、養子縁組に対する援助を行うこと。具体的には、里親制度の普
及促進および里親支援の拡充を視野に置きつつ、里親と児童のマッチン
グ、里親に対する訪問支援等による自立支援まで、一貫した里親支援を
行う。また、養子縁組里親に関する相談・支援を行う。

⑦　障害者総合支援法に基づき市町村が行う障害児に対する介護給付費等
の支援要否決定等に関して市町村の求めに応じて意見を述べ、または技
術的協力や援助を行うこと。

③　児童が施設に入所するまでの過程

児童相談所の措置により子どもが施設に入所するまでには、図4－4のよ
うな過程がある。

ア．発見、通告、送致

児童福祉法第25条（要保護児童発見者の通告義務）では、「要保護児童を発見
した者は、これを市町村、都道府県の設置する福祉事務所若しくは児童相談
所又は児童委員を介して市町村、都道府県の設置する福祉事務所若しくは児
童相談所に通告しなければならない」と定めている。また、児童虐待防止法
第5条（児童虐待の早期発見等）および第6条（児童虐待に係る通告）では学校の
教職員、児童福祉施設の職員、医師、保健師等、児童と接する機会の多い職

種にある者は、児童虐待の早期発見に努め、児童虐待を発見した場合について速やかな通告が義務付けられている。

虐待は家庭内といういわば密室で起こるできごとであり、潜在化しやすい特徴をもっている。援助のきっかけとしての第三者による発見、通告は児童虐待が発生した際の対応として非常に重要な段階である。市町村、都道府県の設置する福祉事務所の長または家庭裁判所から送致を受けたときは、受理会議において検討後一般の事例に準じて行う。なお家庭裁判所から送致のときは、家庭裁判所の審判等の結果に基づき、その決定の範囲内で、速やかに児童福祉法上の援助を行うこととされている。

イ．調査、診断、判定

相談や通告を受けた児童相談所は、速やかに子どもの安全確認を実施し、保護者や関係機関、関係者から子どもの最善の援助を決定するために、調査、診断、判定を行う。子どもへの虐待が行われている可能性が高いと判断され、保護者が調査に拒否的、非協力的であった場合には、子どもの居所に立入調査ができる（児童福祉法第29条、児童虐待防止法第9条：立入調査等）。

子どもの家庭、生活環境、社会関係などについては、児童福祉司や相談員が調査して社会診断を行い、子どもの人格や知能等の心理面については児童心理司、障害等の医学的な面は医師が診断する。

ウ．一時保護

児童相談所は、必要に応じて児童相談所長の判断により子どもを児童相談所付設の一時保護者に保護、あるいは児童福祉施設や医療機関等に一時保護委託することができる（児童福祉法第33条：児童の一時保護）。一時保護期間は原則として2か月以内である。

子どもを一時保護する目的として、虐待などの緊急保護、心理治療などがある。一時保護者には児童指導員、保育士、看護師等が配置され、保護された子どもの生活指導や行動観察、健康管理が行われている。

エ．援助方針会議

児童相談所では必要に応じて、要保護児童の援助を決定する援助方針会議を開催し、子ども及び保護者の意志を尊重しながら、調査、社会診断、心理診断、医学診断、行動診断等に基づく総合判定結果をもとに援助内容が決定される。

在宅での援助が困難な場合など、中・長期的に親子の分離が必要であると判断される場合には、児童福祉法第27条第1項第3号（都道府県のとるべき措置）により、児童養護施設などへの施設入所または里親への委託という措置がとられる。これらの措置は保護者の同意が必要である（児童福祉法第27条第

4項）。保護者が施設入所や里親委託に反対した場合には、家庭裁判所へ承認の申立てを行うことができ、家庭裁判所の審判による承認に基づいて、子どもを施設へ入所または里親へ委託することができる。

　「児童虐待を行った保護者に対する援助ガイドライン」においては、児童相談所が、児童虐待相談として受理した相談（通告・送致を含む）につき、援助方針会議において決定した援助内容に沿って、保護者の問題に対して直接的または間接的に働きかけを行い、家族機能の回復をはかることが目的として行われる「保護者への指導・支援」に関して基本的ルールを定めている。

(2)　市町村

　2004（平成16）年の児童福祉法の改正において、児童虐待防止等の対策強化のために、児童相談所の役割を要保護性の高い困難事例への対応に重点化するなどの転換がはかられている。児童家庭相談は市町村が担当し、社会的養護にかかわる最初の相談窓口としての役割を果たすこととされている。このように児童相談所と市町村が連携して児童家庭相談に対応する体制づくりが進められており、市町村が扱う児童家庭相談件数は2021（令和3）年度で47万件を超え増加傾向にある。

　2016（同28）年の改正では、市町村の責務として児童等に対する必要な支援等を行う拠点の整備に努めなければならないことが加わった（第10条の2）。

(3)　福祉事務所

　福祉事務所は、都道府県および市に設置義務があり（町村は任意設置）、福祉に関する専門行政機関である。児童福祉分野では、子どもや妊産婦の福祉に関する相談、調査、指導を行い、母子生活支援施設や助産施設の申し込み窓口となっている。多くの福祉事務所には、子どもや家庭に関する相談機関として家庭児童相談室が設置されている。家庭児童相談室は、地域の児童相談の中心的な役割が求められている。

　市の設置する福祉事務所は、市における児童家庭相談体制の一翼を担い、都道府県の設置する福祉事務所は、町村の後方支援や都道府県の担う専門的な相談を児童相談所とともに担うことが期待されている。

(4)　児童家庭支援センター

　社会的養護は、家庭にとって身近な存在となり、支援を必要とする親に寄り添いながらともに子どもを育てていくことが求められている。このようなことから、家庭養育と社会的養護をつなぐ役割として、1998（平成10）年度

から制度化されたのが児童家庭支援センターである。児童家庭支援センターは、「地域の子どもの福祉に関する各般の問題につき、子どもに関する家庭その他からの相談のうち、専門的な知識及び技能を必要とするものに応じ、必要な助言を行うとともに、市町村の求めに応じ、技術的助言その他必要な援助を行うほか、児童相談所等との連絡調整等を総合的に行うことを目的とする施設」とされ、2020（令和2）年10月現在、全国に144か所設置されている。

　児童家庭支援センターは第二種社会福祉事業であり、一定の人口規模に応じて適正に配置して活用されることが期待されている。これまでのように児童養護施設や乳児院などに付設する形のみならず、その他の社会福祉法人、医療法人、NPO法人などが積極的に設置できる仕組みが検討されている。

⑸　保健所・市町村保健センター

　保健所・市町村保健センターは児童相談所からの一時保護・施設入所前の健康診断、保健、栄養上の指導の依頼、在宅重症心身障害児（者）等訪問指導を行っている。

　乳児院、児童心理治療施設の長は、児童の健康について、保健所、市町村保健センターその他の関係機関と密接に連携しなければならないとされている。

3．社会的養護の実施機関

　社会的養護は、児童福祉法などの関係法令に基づき児童福祉施設等で実施される。各施設にて養護を行う場合、「措置」型と「利用・契約」型に大別される。

⑴　「措置」による場合

　児童虐待や保護者による養育が期待できない場合など、子どもの生活上等の理由により特に要保護状況と判断された場合、児童福祉法に基づき子どもを要保護児童として都道府県知事等の権限により施設に入所させることとなる。これを「措置」による入所という。

　措置とは、都道府県や市町村などの行政機関が実施する行政処分、すなわち社会福祉に関する権限を行使することをいう。施設の種別としては、乳児院、児童養護施設、児童自立支援施設、心理治療施設、里親制度などがあげられる。

　児童福祉法第25条〜第33条の9の2には「要保護児童の保護措置等」に関

する条文が記載されている。このなかで、第27条第 1 項は「都道府県のとるべき措置」に関する条文となっており、児童相談所等による児童や保護者への相談・指導、児童養護施設等社会的養護への入所措置について定められている。

(2)　「利用・契約」による場合

　措置制度は日本の社会福祉制度の根幹をなす重要な制度であったが、利用者本意のサービス選択の必要性、社会経済環境の変化の中で、措置制度の見直しが行われた。社会福祉基礎構造改革において「利用者の立場に立った社会福祉制度の構築」が推進され、子ども、障害児・者サービスの利用契約制度の導入が示され、助産施設、母子生活支援施設、障害児入所施設において措置制度から利用・契約制度への転換がはかられた。

〈参考文献〉
1 ）辰己隆・波田野英治編『新版保育士をめざす人の社会的養護 I 』みらい　2020年
2 ）全国社会福祉協議会「障害福祉サービスの利用について」2015年
3 ）厚生労働省「社会的養育の推進に向けて」2022年
4 ）こども家庭庁「こども基本法パンフレット」2023年
5 ）社会的養護の在り方に関する検討会「新しい社会的養育ビジョン」2017年
6 ）児童養護施設等の社会的養護の課題に関する検討委員会「社会的養護の課題と将来像」2011年
7 ）参議院法制局「基本法」
https://houseikyoku.sangiin.go.jp/column/column023.htm
8 ）厚生労働省　新たな社会的養育の在り方に関する検討会「改正児童福祉法第三条の二の解釈に基づく社会的養護（狭義）（案）」2017年

◆ ◆ ◆　施設養護の種類と専門職　◆ ◆ ◆

キーポイント

> 　虐待などのさまざまな事情により、家庭で暮らせない子どもは、どのような場所で生活をするのだろうか。社会的養護には、大きく分けて「家庭養護」と「施設養護」がある。
> 　本章では「施設養護」を実践する施設を概説するとともに、そこで働く専門職について、その役割と資格要件を説明する。それぞれの施設の機能を理解し、各専門職が連携して子どもの支援にあたっていることをイメージできることが本章の学びのねらいである。

1　施設の種類と概要

　何らかの事情により家庭で暮らせない子どもや、支援を必要とする子ども等に関する施設として、乳児院、母子生活支援施設、児童養護施設、児童心理治療施設、児童自立支援施設がある。そのほか、児童養護施設を退所した子ども等が対象である自立援助ホームがある。また、障害児を支援するための施設としては障害児入所施設、児童発達支援センターがある。

　社会的養護に関する施設の概要は表5－1のとおりである。2000（平成12）年の社会福祉基礎構造改革により、福祉サービスの利用は「措置から契約へ」大きく転換した。しかし、社会的養護関係の施設の多くは、児童相談所の行政処分である「措置制度」が続いている。これは、児童虐待等の場合には、親が、子どもにとって安全で有益な選択をすることが困難である場合が十分に想定されるからであり、子どもが保護され援助を受ける権利を守るためのしくみといえる。また、児童養護施設、児童心理治療施設、児童自立支援施設、母子生活支援施設は児童福祉法第31条により、満20歳まで入所が可能となっている。

　これらの施設は、それぞれの施設に定められた目的、機能に加え、入所児童の保護に支障がない限りにおいて、その専門性を活かして、地域の住民の

表 5 − 1　社会的養護に関する施設の概要

施設の種類	法的根拠（児童福祉法）	対象となる子ども等	施設タイプ		箇所数と現員（定員）数		入所方式		
			通所型	入所型	全国箇所数（令和 4 年 3 月末現在）	現員（定員）（令和 4 年 3 月末現在）	①措置（児童相談所）	②選択利用（福祉事務所）	③利用契約（保護者と当該施設）
乳児院	第37条	保護者から養育を受けられない乳児（特に必要な場合は、幼児を含む）		○	145	2,351人（3,827人）	○		
母子生活支援施設	第38条	配偶者のない女子又はこれに準ずる事情にある女子及びその者の監護すべき児童		○	215	3,135世帯（4,441世帯）		○	
児童養護施設	第41条	保護者のない児童、虐待されている児童その他環境上養護を要する児童（特に必要な場合は、乳児を含む）		○	610	23,008人（30,140人）	○		
児童心理治療施設	第43条の 2	家庭環境、学校における交友関係その他の環境上の理由により社会生活への適応が困難となった児童	○*1	○	53	1,343人（2,016人）	○		
児童自立支援施設	第44条	不良行為をなし、又はなすおそれのある児童及び家庭環境その他の環境上の理由により生活指導等を要する児童	○*1	○	58	1,162人（3,340人）	○		
自立援助ホーム（児童自立生活援助事業）	第 6 条の 3	義務教育を終了した児童であって、児童養護施設等を退所した児童等		○	229	818人（1,575人）			
福祉型障害児入所施設	第42条	保護、日常生活の指導及び独立自活に必要な知識技能の付与が必要な障害児等		○	249	6,138人（8,664人）	○*2		○
医療型障害児入所施設	第42条	保護、日常生活の指導及び独立自活に必要な知識技能及び治療が必要な障害児等		○	222	10,489人（21,296人）	○*2		○
児童発達支援センター	第43条	家庭から通い、発達支援、家族支援等をうけることが必要な障害児等	○		771	41,857人			○

＊ 1　入所が主であるが、通所も認められている
＊ 2　契約施設であるが措置も認められている
注：児童発達支援センターの「施設数」「在所者数」は令和 3 年10月 1 日現在（旧医療型と旧福祉型の合計）。
出典：こども家庭庁「社会的養育の推進に向けて（令和 5 年 4 月 5 日）」、厚生労働省「令和 3 年度社会福祉施設等調査」
　　　「令和 3 年度福祉行政報告例」から筆者作成

児童の養育に関する相談に応じ助言を行うよう努めなければならないとされている。

施設の設備については、厚生労働省が定めた「児童福祉施設の設備及び運営に関する基準」を最低基準とし、それを超えた基準を都道府県等が設定し条例で定めている*1。「児童福祉施設に入所している者が、明るくて、衛生的な環境において、素養があり、かつ、適切な訓練を受けた職員の指導により心身ともに健やかにして社会に適応するように育成されることを保障するものとする（同基準第2条）」、「児童福祉施設は、最低基準を超えて、常に、その設備及び運営を向上させなければならない（同基準第4条）」とされており、設備の観点からも児童の生活の質を守るしくみとなっている。

＊1　自立援助ホームについては児童自立生活援助事業（自立援助ホーム）実施要綱で定められている。

2　養護系施設

1．乳児院

(1)　目　的
乳児院は、児童福祉法第37条により「乳児（保健上、安定した生活環境の確保その他の理由により特に必要のある場合には、幼児を含む。）を入院させて、これを養育し、あわせて退院した者について相談その他の援助を行うことを目的とする施設」と規定されている。

(2)　入所理由
主な入所理由の上位3つは、母親の精神疾患等の疾病(23.2%)、母親の放任・怠だ（15.7%）、破産等の経済的理由（6.6%）である[1]。

(3)　設　備（乳幼児が10人以上いる場合の基準）
寝室（乳幼児1人2.47㎡以上）、観察室（乳児1人1.65㎡以上）、診察室、病室、ほふく室、相談室、調理室、浴室、便所（乳幼児が10人以下の場合は別基準）。

(4)　課　題
家庭養育優先原則の下、「できる限り良好な家庭的環境」において養育を行うために、①施設を小規模化、地域分散化すること、②より専門性の高い

養育や保護者等への支援、里親や在宅家庭への支援等を行うことなどの高機
能化、多機能化をめざす方向性が示されている。つまり、施設の役割や機能
をこれまで以上に向上していくしていくことが求められている。

　めざすべき姿を実現するためには、①早期の家庭復帰や里親委託等、自立
支援を含めた専門性の高い施設養育、②一時保護委託の受入体制の整備、③
養子縁組支援やフォスタリング機関（里親養育包括支援機関）の受託等、里親
支援機能の強化、④市区町村と連携した在宅支援や特定妊婦の支援強化が課
題となっており、同時にそれを担う職員の人材育成が課題となっている。

2．母子生活支援施設

⑴　目　的

　母子生活支援施設は、児童福祉法第38条により「配偶者のない女子又はこ
れに準ずる事情にある女子及びその者の監護すべき児童を入所させて、これ
らの者を保護するとともに、これらの者の自立の促進のためにその生活を支
援し、あわせて退所した者について相談その他の援助を行うことを目的とす
る施設」と規定されている。

　ここでいう女子とは「母親」のことを指しており、子どもが育つ環境とし
ての「母親」が抱える課題を支援することで、子どもの育ちを支えていく施
設である。1998（平成10）年の児童福祉法改正により「母子寮」から「母子
生活支援施設」と名称変更された。

⑵　入所理由

　主な入所理由の上位３つは、「配偶者からの暴力（50.7%）」、「住宅事情に
よる（16.4%）」、「不適切な家庭環境（8.9%）」である[1]。

⑶　設　備

　母子室（調理設備、浴室、便所、１世帯１室以上、30㎡以上）、集会、学習等を行
う室、相談室、保育所に準ずる設備（付近の保育所等が利用できない場合）、静養
室（乳幼児30人未満）、医務室及び静養室（乳幼児30人以上）。

⑷　課　題

　自立支援を目的とする施設であることから、①住む場所の提供にとどまら
ない入所者支援の充実、②職員配置の充実と支援技術の普及向上、③広域利

用の確保、④児童相談所・女性相談支援センターとの連携等が課題である。

　また、全国的に入所者が減少してきている実態がある。短期的な子育て支援、産前・産後母子支援事業からの利用促進等、母子支援のスキルを活かした、これまでにない機能拡充も求められている。

3．児童養護施設

(1) 目　　的
　児童養護施設は、児童福祉法第41条に「保護者のない児童（乳児を除く。ただし、安定した生活環境の確保その他の理由により特に必要のある場合には、乳児を含む。）、虐待されている児童その他環境上養護を要する児童を入所させて、これを養護し、あわせて退所した者に対する相談その他の自立のための援助を行うことを目的とする施設」と規定されている。

(2) 入所理由
　主な入所理由の上位3つは、「母の放任・怠だ (15.0%)」、「母の精神疾患等 (14.8%)」、「母の虐待・酷使 (13.1%)」である[1]。また、現在は、親がいない等の養育者不在のために入所に至る事例はほとんどなく、親がいるにもかかわらず適切な養育が行われず入所に至る事例がほとんどである。つまり、家庭生活の中で安心できる人との関係が築けないまま入所してくる子どもが多い。さらには、何かの障害のある子どもも全体の3割程度いることから、多くの子どもに個別ケアが必要となっている。

(3) 設　　備
　児童の居室（1室の定員4人以下、1人4.95㎡以上、乳幼児のみは定員6人以下、1人3.3㎡以上、年齢に応じて男女別）、相談室、調理室、浴室、便所（男女別、少数の児童の場合を除く）、医務室及び静養室（児童30人以上の場合）、職業指導に必要な設備（年齢、適性等に応じて設置）。

(4) 課　　題
　施設養護においても、できるだけ「家庭に近い暮らし」を提供するために、「地域小規模児童養護施設（グループホーム）」「小規模グループケア」が進められている。なお小規模グループケアには、①本体施設の敷地内で行うものと、②本体施設の敷地外においてグループホームとして行うもの（分園型小

規模グループケア）がある。

　2021（令和 3）年10月 1 日現在で、地域小規模児童養護施設は311施設が計527か所、小規模グループケアは547施設で計2,197か所実施しており、小規模化と地域分散化が進んできている。入所人数の割合では、従来の大舎・中舎・小舎の入所児童が47.0%、小規模グループケア、地域小規模児童養護施設で暮らす子どもが53.0%となっている。

　さらなる小規模化に向けての課題としては、「職員の孤立や職員による課題の抱え込みを防ぐシステムが重要（職員がお互いをフォローできる体制の構築、管理者や経験年数の長い職員によるスーパービジョンの実施等）・地域の特性等に応じた方法での人材確保・人材育成に関する取り組みが重要である」と指摘されている。

4．児童心理治療施設

(1)　目　　的

　児童心理治療施設は、児童福祉法第43条の 2 に規定された「家庭環境、学校における交友関係その他の環境上の理由により社会生活への適応が困難となった児童を、短期間入所させ、又は保護者の下から通わせて、社会生活に適応するために必要な心理に関する治療及び生活指導を主として行い、あわせて退所した者について相談その他の援助を行うことを目的とする施設」である。2016（平成28）年の児童福祉法改正により「情緒障害児短期治療施設」から「児童心理治療施設」へと名称変更した。

(2)　入所理由

　主な入所理由の上位 3 つは、児童の問題による監護困難（38.6%）、母の虐待・酷使（16.7%）、父の虐待・酷使（10.8%）である[1]。

(3)　設　　備

　児童の居室（ 1 室の定員 4 人以下、 1 人4.95㎡以上、男女別）、医務室、静養室、遊戯室、観察室、心理検査室、相談室、工作室、調理室、浴室、便所（男女別、少数の児童の場合を除く）。

(4)　課　　題

　今後の課題として、①すべての都道府県への設置促進、②かかわりのむず

かしい子どもや家庭に対応する専門性と人員配置の充実、③児童養護施設や里親で一時的に不適応を起こしている子どもへの一時的措置変更等による短期入所機能を活用した対応、④地域の心理的問題の大きい子どもや児童養護施設に入所している子どもが必要な場合の通所機能を活用した支援があげられている。

5. 児童自立支援施設

(1) 目 的

児童自立支援施設は、児童福祉法第44条に「不良行為をなし、又はなすおそれのある児童及び家庭環境その他の環境上の理由により生活指導等を要する児童を入所させ、又は保護者の下から通わせて、個々の児童の状況に応じて必要な指導を行い、その自立を支援し、あわせて退所した者について相談その他の援助を行うことを目的とする施設」と規定している。

この施設は、これまで家庭で十分に、保護や教育をされてこなかった児童に対して、育て直しを行うという理念があり、夫婦小舎制でその支援が実践されてきた歴史がある。現在の施設名称「児童自立支援施設」は、1999（平成11）年からであり、それ以前は「教護院」と呼ばれていた。

(2) 入所理由

主な入所理由の上位3つは、児童の問題による監護困難（68.2%）、父の虐待・酷使（5.9%）、母の放任・怠だ（5.0%）である[1]。子どもの抱えている問題はさまざまであり、虐待など不適切な養育環境で育った子ども、基本的信頼関係の形成ができていない子ども、抑うつ・不安等がある。

(3) 設 備

児童の居室（1室の定員4人以下、1人4.95㎡以上、男女別）、相談室、調理室、浴室、便所（男女別、少数の児童の場合を除く）、医務室及び静養室（児童30人以上の場合）、職業指導に必要な設備（年齢、適性等に応じて設置）、学校教育法に基づく学科指導に関する設備。

(4) 課 題

子どもの抱える複雑な問題に対応するため、家庭支援専門相談員や心理療法担当職員等の専門性向上等による高機能化、地域のニーズに応じた通所支

援機能や相談機能等の多機能化の促進により、入所児童や退所児童、さらには他の児童福祉施設、地域に還元していくことの重要性が指摘されている。

6．自立援助ホーム

⑴　目　的

　この事業の目的は、児童の自立支援を図る観点から、義務教育終了後、児童養護施設等を退所して、就職する子ども等に対し、これらの者が共同生活を営むべき住居（自立援助ホーム）で、相談や日常生活上の援助、生活指導、就業の支援等を行い、社会的自立の促進に寄与することである。

　児童福祉法の改正により、2024（令和6）年4月からは、大学生でありその他のやむを得ない事情により利用が必要だと判断された場合には20歳以上であっても入所が可能となった。また、22歳までという年齢制限も撤廃された。

⑵　入所理由

　主な入所理由の上位3つは、児童の問題による監護困難（22.1%）、父の虐待・酷使（14.4%）、母の虐待・酷使（12.3%）である[1]。

⑶　設　備

　入居者の居室（1室の定員はおおむね2人以下、1人につき4.95㎡以上、男女別）、入居者が日常生活を営む上で必要な設備、食堂等入居者が相互に交流を図ることができる設備。

⑷　課　題

　家庭において長年に渡って虐待をされた経験のある人など、心理的なケアを必要とする対象者が多く、さらに近年では発達障害や精神障害など、その支援はより多方面にわたるため、障害に関する職員の知識や技術も求められている。

　しかしながら、多くの施設はNPO法人が経営主体となっており、経営の不安定さと雇用の脆弱性が指摘されている。職員配置基準の改正等、支援の質を担保する体制整備が課題である。

3 障害児を対象とした施設

　身体に障害のある子ども、知的障害のある子ども、精神に障害のある子ども（発達障害も含む）、治療法が確立していない難病等を有する子ども等が利用する児童福祉施設には、入所してサービスを受ける障害児入所施設と自宅等から通う児童発達支援センターがある。

　児童福祉法改正により、2012（平成24）年から、障害児や家族にとって身近な地域で必要な発達支援を受けられるよう障害種別ごとのサービスを一元化するとともに、サービスの利用形態を入所と通所の2つに位置づけた。

1．障害児入所施設

　障害児入所施設は、障害児が入所しながら必要な支援を受ける児童福祉施設であるが、医療的なケアや治療の有無によって、福祉型障害児入所施設と医療型障害児入所施設の2種類に分かれる。

　福祉型障害児入所施設の目的は「保護、日常生活の指導及び独立自活に必要な知識技能の付与」と定められている。一方、医療型障害児入所施設の目的は「保護、日常生活の指導、独立自活に必要な知識技能の付与及び治療」とあり医療的なケアも行うことが目的とされている。（児童福祉法第42条）

　障害児入所施設への入所については、2006（平成18）年に措置制度から契約制度へと移行した。しかし、保護者の児童虐待等により障害児入所施設を利用せざるを得ない事例もあることから、児童相談所の行政判断による「措置」による入所も認められており、社会的養護の施設として重要な役割を果たしている。

　これまでも20歳までの入所延長は認められていたが、2024（令和6）年からは、退所を余儀なくさせられた場合に著しく福祉を損なう恐れがある場合には、23歳に達するまで引き続き入所が可能となった。

　障害児入所施設には、必ず保育士を配置することになっている。

2．児童発達支援センター

　児童発達支援センターは、障害や発達の遅れのある子どもに対して、自宅等から通うことにより、発達支援、家族支援、地域支援を行う施設である。

　社会的養護とのかかわりでいえば、たとえば児童養護施設に入所している子どもに発達の遅れがある場合に利用することがあるため、その機能や役割を知っておくことは子どもの支援のために必要である。

　これまで、障害児入所施設と同様に「福祉型」と「医療型」の二種に分かれていたが、2024（令和6）年4月から、児童発達支援センターに一元化された。

　一元化にあたり、多様な障害のある子どもや家庭環境等に困難を抱えた子ども等に対し、適切な発達支援の提供につなげるため、また、地域全体の障害児支援の質の底上げを目指すために、児童発達支援センターが、地域における障害児支援の中核的役割を担うことが明確に記載された。

4　社会的養護にかかわる専門職

1．社会的養護にかかわる専門職の資格

　社会的養護を行う施設では、その機能に応じて、さまざまな専門職が働いており、その多くが資格を有している。

　資格には、業務独占資格、名称独占資格、任用資格の3つがある。これらは業務や雇用を制限することで、社会的地位を保障し、社会からの信頼性を高めている（表5-2）。

　任用資格要件に保育士資格が含まれている（保育士資格で業務に就くことがで

表5-2　資格の分類

資格の種類	特徴	資格の例
業務独占資格	有資格者以外が携わることを禁じられている業務を独占的に行うことができる資格。	医師、看護師、助産師等
名称独占資格	有資格者以外はその名称を名乗ることを認められていない資格。	保育士、社会福祉士、精神保健福祉士、管理栄養士等
任用資格	特定の職業・職位に任用されるための資格。任用されて初めて効力を発揮する。	児童指導員、児童福祉司、社会福祉主事、母子支援員、児童自立支援員、児童生活支援員等

＊医師、看護師、助産師は名称独占資格でもある。
出典：筆者作成

きる）ものは、母子支援員、児童の遊びを指導する者、児童生活支援員である。

2．社会的養護にかかわる主な専門職

　社会的養護に関する施設には、たくさんの専門職があり、各施設の機能に応じて、必要な専門職が配置されている。養護系施設の職員配置は表5－3の通り、障害児に関する施設は表5－4の通りとなっている。それぞれの専門職に役割があるため、施設内で連携をしながら、子ども一人ひとりを支えていくことが有効である。ここでは社会的養護に関する主な専門職について解説する。

(1)　保育士

　保育士は、2003（平成15）年から国家資格となった資格である。児童福祉法18条の4では「登録を受け、保育士の名称を用いて、専門的知識及び技術をもつて、児童の保育及び児童の保護者に対する保育に関する指導を行うことを業とする者をいう」と規定されている。

　保育士は、保育所だけでなく、児童養護施設等の社会的養護に関する児童福祉施設においても重要な役割を果たす資格である。

　社会的養護に関する施設での保育士は、子どもたちにとって、もっとも身近な存在である。入所児童にとって安心できる環境となるように生活環境を整え、日々の丁寧なかかわりにより、児童の気持ちに寄り添いながら、自立して生きていく力を養うために、日々の養育を行うことである。

　具体的には、食事、洗面・入浴、洗濯・掃除、お金の使い方等の生活についての指導や援助を行ったり、学習の支援を行う。近年は、定期的な通院、服薬を行う子どもも多いため、通院への付き添いもある。また、学校の先生との情報共有や連携、児童相談所の児童福祉司との連携をしながら子どもの支援を行う。

(2)　児童指導員

　児童指導員は、保育士とともに子どもの養育を中心となって担う専門職である。保育士と同様に、日々の養育に従事しているが、それに加え、児童自立支援計画の策定や関係機関との調整等の対外的な業務を担うことも多い。

　児童指導員になるための資格要件は、①児童福祉施設の職員を養成する学校を卒業した者、②社会福祉士の資格がある者、③精神保健福祉士の資格がある者等と、児童福祉施設の設備及び運営に関する基準（以下、「設備運営基準」

表5-3　社会的養護の施設の専門職の配置

	乳児院	母子生活支援施設	児童養護施設	児童心理治療施設	児童自立支援施設	自立援助ホーム
医師	○*1			○*13	□	
嘱託医	○*1	○	○		○	
看護師	○*2		□*10	○		
個別対応職員	○	□*7	○	○	○	
家庭支援専門相談員	○		○	○	○	
栄養士	○*3		□*11	○	□*11	
調理員	□*4	□*8	□*4	□*4	□*4	
心理療法担当職員	□*5	□*5	□*5	○	□*5	
保育士	□*6	□*9	○	○		
児童指導員	□*6		○	○		
母子支援員		○				
少年を指導する職員		○				
児童自立支援専門員					○	
児童生活支援員					○	
職業指導員			□*12		□*12	
指導員						○
補助員						□

○：必置　□：場合によってはおかないことができる

＊1　嘱託医か医師のどちらかをおく
＊2　保育士・児童指導員で代替することができる
＊3　10人未満の施設はおかなくてよい
＊4　調理を外部委託する場合はおかなくてよい
＊5　心理療法を必要とする者が10人以上いる場合にはおかなくてはいけない
＊6　看護師の代替としておくことができる。乳幼児10人以上の施設では、保育士を1人以上おかねばならない
＊7　DV等、個別に特別な対応が必要な場合におかなければならない
＊8　またはこれに代わるべき者をおかなければならない
＊9　保育所に準ずる設備がある場合はおかなければならない
＊10　乳児が入所する場合にはおかなければならない
＊11　入所児童40人以下はおかないことができる
＊12　実習設備を設けて職業指導を行う場合にはおかなければならない
＊13　精神科・小児科の医師をおかねばならない
出典：相澤仁・林浩康編『社会的養護Ⅰ（第2版）』中央法規出版　pp.124-125をもとに筆者一部改変

表 5 - 4　障害児入所施設と児童発達支援センターの職員配置

○福祉型障害児入所施設の職員配置

設備運営基準の施設類型	配置職員		配置基準
主として知的障害のある児童を入所させる施設	児童指導員 保育士 嘱託医※1 栄養士※2 調理員※2 児童発達支援管理責任者 心理指導担当職員※3 職業指導員※4		児童指導員・保育士総数 入所児童概ね4.3人に1人以上 （児童30人以下の場合は1人加配）
主として自閉症児を入所させる施設		医師※1 看護職員※5	児童指導員・保育士総数 同上 看護師数は入所児童20人に1人以上
主として盲ろうあ児を入所させる施設			児童指導員・保育士総数 乳幼児概ね4人に1人以上 少年概ね5人に1人以上 （児童35人以下の場合は1人加配）
主として肢体不自由のある児童を入所させる施設		看護職員※5	児童指導員・保育士総数 入所児童3.5人に1人以上

※1　「主として知的障害のある児童を入所させる施設」と「主として自閉症児を入所させる施設」の嘱託医及び医師は、精神科又は小児科の診療に相当の経験を有する者、「主として盲ろうあ児を入所させる施設」の嘱託医は眼科又は耳鼻咽喉科の診療に相当の経験を有する者。

※2　児童40人以下を入所させる施設では栄養士を、調理業務を全部委託している施設では調理員を置かないことができる。

※3　心理指導を行う必要があると認められる児童5人以上に心理指導を行う場合に配置。

※4　職業指導を行う場合に配置。

※5　看護職員は保健師、助産師、看護師又は准看護師をいう。

資料：児童福祉施設の設備及び運営に関する基準より作成

出典：大竹智・山田利子編『保育と社会的養護原理　第2版』みらい　2017年を一部改変

○医療型障害児入所施設の職員配置

設備運営基準の施設類型	配置職員		配置基準
主として自閉症児を入所させる施設	医療法に規定する病院として必要な職員※3 児童指導員 保育士 児童発達支援管理責任者		児童指導員・保育士総数 入所児童概ね6.7人に1人以上
主として肢体不自由のある児童を入所させる施設※1		理学療法士又は作業療法士	児童指導員・保育士総数 乳幼児概ね10人に1人以上 少年概ね20人に1人以上
主として重症心身障害児を入所させる施設※2		理学療法士又は作業療法士 心理指導を担当する職員	―

※1　「主として肢体不自由のある児童を入所させる施設」の長及び医師は、肢体の機能の不自由者の療育に関して相当の経験を有する医師でなければならない。

※2　「主として重症心身障害児を入所させる施設」の長及び医師は、内科、精神科、医療法施行令の規定により神経と組み合わせた名称の診療科、小児科、外科、整形外科又はリハビリテーション科の診療に相当の経験を有する医師でなければならない。

※3　「医療法に規定する病院として必要な職員」とは、当該病院の有する病床の種別に応じ、厚生労働省令で定める員数の医師及び歯科医師のほか、都道府県の条例で定める員数の看護師その他の従業者（医療法第21条第1項）をいう。

資料：児童福祉施設の設備及び運営に関する基準より作成

出典：表5-4に同じ

○児童発達支援センターの職員配置

設備運営基準の施設類型		配置職員		配置基準
（福祉型）児童発達支援センター	主として知的障害のある児童を通わせる施設	児童指導員 保育士 嘱託医※1 栄養士※2 調理員※2 児童発達支援管理責任者 機能訓練担当職員※3		児童指導員・保育士・機能訓練担当職員の総数 児童概ね4人に1人以上
	主として難聴児を通わせる施設		言語聴覚士	児童指導員・保育士・言語聴覚士・機能訓練担当職員の総数 児童概ね4人に1人以上 （うち言語聴覚士は4人以上）
	主として重症心身障害児を通わせる施設		看護職員※4	児童指導員・保育士・看護職員※4・機能訓練担当職員の総数 児童概ね4人に1人以上 （うち機能訓練担当職員は1人以上）
（医療型）児童発達支援センター		医療法に規定する診療所として必要な職員 児童指導員・保育士・看護職員※4 理学療法士又は作業療法士 児童発達支援管理責任者		—

※1　「主として知的障害のある児童を通わせる施設」の嘱託医は、精神科又は小児科の診療に相当の経験を有する者、「主として難聴児を通わせる施設」の嘱託医は、眼科又は耳鼻咽喉科の診療に相当の経験を有する者、「主として重症心身障害児を通わせる施設」の嘱託医は、内科、精神科、医療法施行令の規定により神経と組み合わせた名称の診療科、小児科、外科、整形外科又はリハビリテーション科の診療に相当の経験を有する医師でなければならない。
※2　児童40人以下を入所させる施設では栄養士を、調理業務を全部委託している施設では調理員を置かないことができる。
※3　日常生活を営むのに必要な機能訓練を行う場合。
※4　看護職員は保健師、助産師、看護師又は准看護師をいう。
※5　福祉型児童発達支援センター・医療型児童発達支援センターについては、2024（令和6）年度から一元化される。職員配置・配置基準については2023（令和5）年1月現在の内容を示している。
資料：児童福祉施設の設備及び運営に関する基準より作成
出典：表5－4に同じ

という）に定められている。

(3)　家庭支援専門相談員

　家庭支援専門相談員は、児童虐待により施設入所する子どもが増加したことを背景に、家庭復帰に向けた支援を強化するために、1999（平成11）年に乳児院への配置から制度が開始されたものである。

　ファミリーソーシャルワーカー（FSW）とも呼ばれ、主に、家庭復帰に向けた支援や、家庭復帰でない自立の方策を探りながらも、子どもと保護者の関係調整を中心に業務を行っている。また、地域の子育て家庭の相談援助等も中心となって行う場合もある。

　家庭支援専門相談員になるための資格要件は、①社会福祉士の資格がある者、②精神保健福祉士の資格がある者、③児童養護施設、児童心理治療施設、児童自立支援施設のいずれかで児童の指導に5年以上従事した者などと、設備運営基準に定められている。

⑷ 里親支援専門相談員

　里親支援専門相談員は、児童養護施設と乳児院に配置され、地域の里親やファミリーホームを支援する拠点として、児童相談所の里親担当職員、里親会等と連携して、入所児童の里親委託の推進を図り、退所後の里親支援等を行い、里親支援の充実を図ることを目的とする。里親支援ソーシャルワーカーとも呼ばれる。

　具体的な業務は、里親の新規開拓や里親への研修実施、里親からの相談を受けての訪問や電話相談、里親サロンの運営や里親会の活動支援等である。

　また、子どもと里親の側に立って里親委託の推進と里親支援を行う専任の職員と位置づけられているため、勤務ローテーションに入らないことと規定されている。

　里親支援専門相談員となるための資格要件は、①社会福祉士の資格がある者、②精神保健福祉士の資格がある者、③児童養護施設等（里親を含む）において児童の養育に5年以上従事した者であって、里親制度への理解及びソーシャルワークの視点を有するものでなければならないとされている。

⑸ 母子支援員

母子支援員は、母子生活支援施設において母子の生活支援を行う者を指し、母子生活支援施設のみに配置される専門職である。

　母子生活支援施設に入所する母子は、DVなどにより安定した生活を阻まれていた母子も多い。したがって、まずは、施設が安心できる場所であり、暴力等にさらされずに過ごせる場所であるという安心感を抱いてもらえるような関わりが必須である。

　次に、母子がともに入所する施設であるという特性を生かし、子育ての後方支援をしながら親子関係の再構築を行ったり、退所後の安定した生活に向けた相談に応じる。法的手続きの支援や関係機関との連携を行い、退所後のサポート体制を構築することも重要な役割である。

　母子支援員になるための資格要件は、①児童福祉施設の職員を養成する学校を卒業した者、②保育士の資格がある者、③社会福祉士の資格がある者、④精神保健福祉士の資格がある者等であり設備運営基準に定められている。

⑹ 児童自立支援専門員

　児童自立支援専門員は、児童自立支援施設において、主に子どもへの自立支援を行う専門職である。児童生活支援員らとともに児童自立支援計画に基づいた児童への支援を実践しながら、学校や児童相談所との連携、必要に応

じて退所後に生活する地域との調整、関係づくりを行う。

　児童自立支援専門員になるための資格要件は、①医師であって、精神保健に関して学識経験を有する者、②社会福祉士の資格がある者、③都道府県知事の指定する児童自立支援専門員を養成する学校その他の養成施設を卒業した者等であり、設備運営基準に定められている。

(7)　児童生活支援員

　児童生活支援員は、児童自立支援施設において、主に子どもへの生活支援を行う専門職である。児童自立支援専門員らとともに児童自立支援計画に基づいた児童への支援を実践しているが、なかでも日常的な生活支援等を主として担当することが多い。

　児童生活支援員になるための資格要件は、①保育士の資格がある者、②社会福祉士の資格がある者、③３年以上児童自立支援事業に従事した者であり、設備運営基準に定められている。

(8)　心理療法担当職員

　虐待等による心的外傷等のため心理療法を必要とする子どもや、夫等からの暴力等による心的外傷等のため心理療法を必要とする母子に、遊戯療法、カウンセリング等の心理療法を実施して、心理的な困難を改善し、安心感・安全感を再形成して、人間関係の修正等を図ることにより、対象児童等の自立を支援することを目的とする。

　具体的には、対象児童等に対する心理療法や生活場面面接、施設職員への助言及び指導、ケース会議への出席等に従事する。

　心理療法担当職員となるための資格要件は、乳児院、児童養護施設の場合には、大学、または大学院において、心理学を専修する学科を卒業した者であって、かつ個人及び集団心理療法の技術を有するもの等である。児童自立支援施設及び児童心理治療施設の場合には、上記に加えて心理療法に関する１年以上の経験がある者と定められている。

(9)　職業指導員

職業指導員は、児童養護施設、障害児入所施設、児童自立支援施設が入所児童の自立のために実習設備を備えて職業指導を行う場合に、配置しなければならないとされている専門職である。

　勤労の基礎的な能力及び態度を育て、子どもがその適性、能力等に応じた職業選択を行うことができるよう、適切な相談、助言、情報の提供、実習、

講習等の支援により職業指導を行うとともに、就労及び自立を支援すること
を目的とする。

〈引用文献〉

1）厚生労働省子ども家庭局「児童養護施設入所児童等調査の概要（平成30年2月1日
現在）」2020年
https://www.mhlw.go.jp/content/11923000/001077520.pdf

〈参考文献〉

・相澤仁・林浩康編『社会的養護Ⅰ　第2版』中央法規出版　2023年　pp.124-125
・岩田智和「児童自立支援施設における自立支援の現状と課題─施設の高機能化・多機
能化に向けて」『わかやま子ども学総合研究センタージャーナル』第1号　2020年
pp.69-76
・厚生労働省雇用均等・児童家庭局長「家庭支援専門相談員、里親支援専門相談員、心
理療法担当職員、個別対応職員、職業指導員及び医療的ケアを担当する職員の配置に
ついて」2022年
・こども家庭庁支援局家庭福祉課「社会的養育の推進に向けて」2023年
https://www.cfa.go.jp/assets/contents/node/basic_page/field_ref_resources/
8 aba23f 3 -abb 8 - 4 f95-8202-f 0 fd487fbe16/355512cb/20230401_policies_shakaiteki-
yougo_68.pdf
・「福祉行政報告例　令和3年度版」
https://www.e-stat.go.jp/stat-search/files?page= 1 &layout=datalist&toukei=004500
46&tstat=000001034573&cycle= 8 &tclass 1 =000001200200&tclass 2 =000001200208
&tclass 3 val= 0
・厚生労働省雇用均等・児童家庭局長「児童養護施設等のケア形態の小規模化の推進に
ついて」2022年
・文部科学省「国家資格の概要について」
https://www.mext.go.jp/b_menu/shingi/chousa/shougai/014/shiryo/07012608/003.
htm
・全国自立援助ホーム協議会「2023年度児童自立生活援助事業（自立援助ホーム）国家
予算要望書」2022年

第**6**章

◆ ◆ ◆ 施設養護における保育士の支援 ◆ ◆ ◆

キーポイント

　施設養護で一番大切なのは、施設で生活している子どもが主人公であるということを認識しながら支援を行うことであり、その中心を担う施設保育士が行う支援は、子どもたちの自立、もっといえば人生に大きな影響を与える。

　施設養護における保育士の支援の目的は、一人ひとりの子どもに対して心の安定をはかり、個性豊かで自分らしく、思いやりのある人間として成長し、健全な社会人として自立した社会生活を営んでいけるようにする自立支援にある。それは、子どもたちの自主性や自発性、協調性や自律性を高めて、自ら判断し決定する力を育て、また、子どもたちがもっている能力に応じて基本的生活習慣や社会生活技術（ソーシャルスキル）を身につけ、総合的な生活力が習得できるように日々支援をしていくことである。

　また、施設養護の中で子どもの安全が守られ、安心して生活ができるよう環境づくりに心がけ、一人ひとりの子どもが自らもっている力を引き出せる（エンパワメント）ように働きかけることが大切である。

1　施設養護の目標

　施設養護の場合、子どもや親が希望して入所してくるケースはほとんどない。人間は誰もが円満な家庭生活を望み、親子が健康で幸せに生活を送ることを望んでいる。しかし、いつの時代でも、家庭が崩壊し親子で生活できないことが起こりうる。このことは、特別な理由があって起こる事情ではない。

　特に現代社会においては、小家族化による育児機能の低下や離婚率の上昇、会社の倒産やリストラ、予期しない災害や事故、ストレスの多い社会であるがゆえの自殺、精神疾患や疾病など、どの家庭でも子どもの養護が果たせない場合が起こりうる。また、親が親になる努力をしない、間違った子育て観で子どもを育てるなどの理由で児童虐待も急増している。このような事情により、施設養護を必要とする事態が起こる。

　子どもにとって施設は家庭に代わる生活の場となる。施設養護の基本は、

「子どもの最善の利益」を常に考え、子どもたちの「基本的人権」「生存権」「発達権」を保障することにあり、施設養護の現場では、その基本のもとに日常の支援が展開されている。

　今日の施設養護は、社会的養護を必要としている子どもに対して家庭の代替・補完機能にとどまらず、子どもの自立を支援していくことが求められている。また、児童虐待、放任、不適切な養育等により、精神的・身体的に痛手を負っている児童に対する治療的なかかわりも大きなウエートを占めている。家庭崩壊やあらゆる問題をもつ子どもが個別的な支援を受けることによって、エンパワメント（本来もっている自分自身の力を取り戻す）できるようにしなければならない。

2　施設養護の過程

１．入所前後のケア（アドミッションケア）

　施設養護（社会的養護）の介入は、児童相談所が保護者等からの相談を受け付けて、初めて支援が開始される。

　児童相談所は、受け付け終了後に社会調査として親（保護者）からの聴取、子どもからの聴取、関係機関（学校、幼稚園、保育所、保健所、民生委員・児童委員等）からの聴取を行い、子どもや親（保護者）がおかれている状況を把握、確認する。問題を大体把握した後に、子どもの最善の利益を優先して、社会診断（保護者の問題、子どもの問題がどのような問題から生じているのかを明らかにする）、医療診断、心理診断などを総合的に判断して、処遇の決定がなされる。

　施設入所が適当であると判断されると、施設の概要が書いてあるパンフレットや要覧、施設紹介アルバム（建物、居室空間、日課、行事等）などを利用して説明し、施設入所意向を親（保護者）と子どもに聴取し、入所の同意を得るという手続きがとられる。

　児童相談所のケースワーカーは親（保護者）と子どもから同意を得た後、児童養護施設等に入所依頼を行い、施設が承諾をして入所となる。

　入所前、入所当日の手続きやケアとしては、次のようなことが行われる。

【入所前のケア】

①　児童相談所から送られてくる児童記録票や援助指針等の確認をして親（保護者）や子どもの状況、問題を把握する。職員間で共通認識をもつ

ことが重要である。

② 子どもが正式に入所してくるまでに施設見学を受け、子どもや親（保護者）に施設の生活についての説明をし、施設全体や居室を見学してもらう。これは、子ども自身が安心して入所するため、または、入所の決意を固めるための意味がある。

③ すでに入所している子どもたちが、入所してくる子どもを迎え入れやすいように、入所してくる子どものことについてインフォメーションを行い準備をする。

④ 寝具、日用品、学習机など、子どもが施設で生活する物品等を整えておく。

【施設入所の手続き】

① 児童相談所が、措置書、児童記録票、援助指針を持参するので、施設と児童相談所で今後の支援や方針を確認する。

② 子どもに児童相談所のケースワーカーから子どもの権利ノート*1等が手渡され、施設入所後の権利擁護についての説明が行われる。

③ 施設側から親（保護者）と子どもに施設で生活するための基本的なルールや約束事項についての説明をして承諾を得る。親（保護者）や子どもからの施設に対する希望や面会、外泊など今後の方針について確認する。

④ 子どもが持参した持ち物や現金を確認して、記録として残す。

⑤ 病院からの紹介状、母子健康手帳などで、健康状態や受けている予防接種などを確認する。

⑥ 住民票の異動、学校転入（小学生以上の子どものみ）の手続きを行う。

*1　子どもの権利ノート

　第3章1－2.「子どもの権利を守る取り組み」p.52参照。

【施設入所当日に配慮する子どもへの支援】

① 子どもを担当する指導員や保育士を紹介して安心感をもたせる。

② 子どもを担当する指導員や保育士は緊張をほぐすように努める。

③ 施設の集会や夕食時に子ども全体に新たに入所した子どもを紹介する。子どもたち全体が受け入れやすいように配慮する。

【児童自立支援計画の立案】

① さまざまな生活場面での行動観察をする。具体的には、健康面（身体および精神面）、生活の様子（身辺自立、整理整頓、食事、協調性等）、学習能力（基礎学力、年齢相当の学力があるのか等）、対人関係（交友関係、協調性、遊びへの参加等）などを記録にまとめる。

② 入所後3か月をめどに児童自立支援計画を立案する。児童相談所が策定した援助指針に生活場面での行動観察の診断を加えて、総合診断をする。

2．施設内のケア（インケア）

　施設内のケア（インケア）においては、日々の生活支援や問題行動への対応など、どちらかというと、目の前の支援に目を奪われがちである。しかし、目先のことだけにとらわれず、できるだけ長期的な視点をもたねばならない。つまり、施設内のケアも自立支援が目的であることから、一人ひとりの子どもが退所後に自立（自律）的な生活を送れるよう支援していくことが求められる。

　以下に、施設内のケアの基本理念と内容について示していく。

【基本的理念】

①　子どもの最善の利益が保障される。

②　子どもの意見の尊重、集団生活の中での個性が尊重される。

③　子どもが安全で安心して生活できる環境が保障され、自分を取り戻し自尊感情が育つ支援がなされる。

④　子どもの発達権が保障される支援がなされる。

⑤　健康、医療、安全が配慮される。

【生活を通しての支援】

①　基本的生活習慣の獲得。

・基本的生活習慣獲得のため、起床、洗面や居室等の生活環境の整備、洗濯、食事、保健衛生、学習、余暇、入浴、就寝というように規則正しい生活のリズムで起床から就寝までの支援がなされる。

②　社会性、自主性、自立、自律の獲得ができるように支援がなされる*2。

・施設での自治会活動、クラブ活動への参加ができる。

・行事などに企画段階から子どもに参画してもらう。

・地域社会への積極的な参加ができる。

③　経済観念の獲得。

・正しい金銭感覚、物品価値が養われる支援がなされる。

・物を大切にする感覚が養われる支援がなされる。

【学校生活および学習保障】

①　学校との連携・連絡がなされる。

②　学習環境を整備する。

③　子どもの能力にあった学習への支援がなされる。

【心理的な援助・支援】

①　保育士との1対1の関係が構築（信頼関係の獲得）される。

②　子どもが包み込まれているという感じがもてる施設全体の雰囲気をつ

*2　協力してやり遂げたという実感を共有することが大切である。

104

くる。

③　子どもが保育士に対して、わかってもらえている（受容されている）という感じを与える支援がなされる。

④　必要な子どもには心理治療を導入する。

【親子関係の再構築（修復）への支援】

①　電話、面会を使っての関係づくり、親（保護者）の生活や子どもへの思いを聞くことを心がける。

②　親子生活訓練室やケアルームなどの施設の設備を利用して、親子がともに生活するための体験の機会をつくる。また、外出、外泊を使った関係づくりを心がけて、親子関係の再構築への支援をする。

③　親（保護者）等に子どもの日常生活等の様子を知らせて、子どもへの関心がとぎれないようにし、また、同時に親（保護者）として尊重していることを伝える。

④　施設や学校の行事に親（保護者）が参加できるよう案内を送る。

3．退所に向けての支援（リービングケア）

退所に向けての支援（リービングケア）とは、退所に向けての準備期間である。子どもが退所していくというのは、慣れ親しんだ場所から新たな環境に適応していかなければならないことを意味する。そのためには、新しい環境にうまく適応できるように事前に関係調整をはかっておくことが大切である。

今日の施設養護では、退所に向けての支援には大きく分けて、「家庭復帰」と「社会的自立」がある。

家庭復帰の場合は、親（保護者）が施設より引き取った後の生活を想定し、その能力や経済力等の範囲内で子どもの発達に必要な生活条件が確保できるよう、親（保護者）とともに準備を進め、支援をしていくことになる。

また、中学校や高等学校を卒業して社会的に自立していく子どもに関しては、社会生活が円滑に送れるよう、生活知識、生活技術等の習得もこの時期に意図的に進めなければならない。

【家庭復帰の場合の支援】

①　子どもや親（保護者）の意向を聞き、家庭復帰に向けて、具体的な支援計画を作成する。

②　支援計画に沿って、面会や外泊を重ねながら、子どもの行動の特性や嗜好などを親（保護者）に伝えて、理解を深めるように支援する。

③　週末の外泊や長期の外泊を重ねて、親子が一緒に生活する時間をでき

るだけ多くとって、スムーズに生活ができるように支援する。

④　親（保護者）に外泊時の子どもの様子を聞き、適切なアドバイスをして、子どもを育てることへの不安感を取り除くようにケアをする。

⑤　子どもと親（保護者）の意向を最終確認して、家庭復帰に向けて調整し支援をする。

⑥　子どもと親（保護者）との再統合（家庭復帰）となる*3。

【社会的に自立していく場合の支援】

①　社会的に自立するために、生活知識や生活技術が習得できて、精神的自立、経済的自立ができるように具体的な支援計画を作成する。

②　生活知識や生活技術の習得への支援をする。

・掃除、洗濯などは、日々の生活の中での支援で身についているところはあるが、子どもが責任をもって自分で最後までするというような意識や習慣が獲得できるようにする。

・料理技術や栄養知識の獲得については、栄養士などと協働して支援をする。

③　精神的自立への支援がなされる。

・親子訓練室などを利用して一人で生活する体験をさせることで、子どもは一人で生活することに対して、常に自己責任がついてまわるという意識をもつようになる。

・施設入所中は、ほかの子どもや保育士などの職員がいつもいるという生活になっているため、子どもに一人で時間を過ごすことに慣れさせることも大切である。

④　経済的自立への支援がなされる。

・アルバイトなどを通して、仕事をすることによって賃金を獲得することの大変さを体験させながらお金の大切さを実感させることが必要である。

・電気、水道、ガスなどを使用するとお金がかかること、また、節約することの必要性を感じたり、世の中のシステムや物価水準が理解できるように支援する。

⑤　常識が獲得できるような支援がなされる。

・国民の義務として、国民保険、年金、税金等を支払う義務があることを理解させる。

・契約の意味や大切さと安易に保証人などにならないよう理解させる。

・スマートフォンやパソコンなどが生活に支障がない程度に使用できるように支援する。

・できるだけ貯金をして、将来設計の立て方等について理解できるように

*3　家庭復帰に向けた支援の流れは、施設だけが行うのではなく、児童相談所と連携をとって役割分担しながら進めることが必要である。

また、虐待を受けた子どもの家庭復帰の場合は、関連機関でネットワークを組み、見守り体制をつくることがある。

支援する。

【退所後の支援（アフターケア）】

　2004（平成16）年に「児童福祉法の一部を改正する法律」が成立して、児童福祉施設を退所した者に対する相談等の支援を行うことが規定された。これにより、保育士や家庭支援専門相談員（ファミリーソーシャルワーカー）が連携をとりながら、児童福祉施設退所者の支援を行うことが義務となった。

　退所後の支援に向けた取り組みの中で大切なことは、入所中に保育士や家庭支援専門相談員が、子どもや親（保護者）とどれほどの信頼関係を築けるかである。もし、信頼関係が構築されていなければ、いくら施設側から支援をしようとアプローチをかけても、子どもや親（保護者）がそれを望んでいなければ関係が切れてしまうからである。

　家庭復帰になった子どもの場合は、親（保護者）が不安定になったり、神経質になったりすることが多い。特に、虐待をしていた親（保護者）が子どもを引き取った場合には、虐待が繰り返されることもある。そのため、親（保護者）とはいつでも相談にのることができるような関係を保ち続け、子どもが安定した生活を送れるよう注意深く見守っていく必要がある。その方法としては、定期的な電話や家庭訪問を行い支援するのが一般的である。また、地域の関係機関（児童相談所、保育所等）や民生委員・児童委員、保健師などとネットワークをつくり、連携をはかりながら、モニタリングをすることも必要であろう。

　児童養護施設から自立した子どもの場合は、自己管理ができず、生活が不安定になって、離職することがないようにフォローすることが大切である。特に、自尊感情が育っていない子どもは、多くの問題を起こす可能性があるので注意深く見守る必要がある。

　そして、必要に応じて社会的養護自立支援拠点事業を利用して、子ども相互の交流や相談・助言をしてもらいながら生活の安定をはかることも必要であろう。もし社会自立がうまくいかなかったときは、自立援助ホーム（自立生活援助事業）を利用することもある。

3　施設養護における保育士の支援

1．児童養護施設に入所している子どもの特徴

　「児童養護施設入所児童等調査（平成30年2月1日現在）」で示された各施設の養護問題発生理由の上位6位は表6−1の通りである。

　この調査で、各施設に身体疾患・知的障害や発達障害・行動障害等がある入所児童が多くの割合で入所していることが示された。また、乳児院を除く養護系の児童福祉施設に入所している児童の半数以上が被虐待児であるという実態も明らかになっている。また、家庭背景として、家庭の中に問題を多く抱えている多問題家族が多い。

2．日常生活上での保育士が行う支援

⑴　基本的生活習慣の獲得

　施設に入所してくる子どもの多くは、両親の離婚や行方不明、入院、拘禁等の家庭生活が不安定な状況の中で、基本的生活習慣が獲得できていない場合が多い。したがって、子どもたちが基本的生活習慣を獲得できるように支援することが、保育士としての日常業務の大きな割合を占める。

　次に、子どもの基本的生活習慣の獲得を目的とする支援の例を示す（表6−2）。

⑵　年間を通じた支援

　施設では年間を通じて、子どもたちに施設独自の行事、地域交流事業、関連団体の行事に参加する機会を計画している（表6−3）。この行事への参加目的は、子どもの可能性や能力を伸ばしていくためのよい機会として位置付け、支援が行われている。

　施設独自の行事や自治会活動、クラブ活動への参加は、自主性、自立性、自律性を養うことを目的としているので、子どもが自主的に運営し職員がサポートすることが望ましい。つまり、子どもたちが、行事などを企画段階から自主的に参画することによって、自分たちで考え、企画し、協力しなければならないことを学ぶことができる。さらにはこの体験によって、子どもた

表6－1　養護施設の入所児童の状況

・**養護問題発生理由（上位6位）**

施設種別	乳　児　院	児童養護施設	児童心理治療施設	児童自立支援施設	自立援助ホーム
内容	①母の精神疾患等 ②母の放任・怠だ ③破産等の経済的理由 ④母の虐待・酷使 ⑤養育拒否 ⑥父の虐待・酷使	①母の放任・怠だ ②母の精神疾患等 ③母の虐待・酷使 ④父の虐待・酷使 ⑤養育拒否 ⑥破産等の経済的理由	①児童の問題による監護困難 ②母の虐待・酷使 ③父の虐待・酷使 ④母の放任・怠だ ⑤母の精神疾患等 ⑥養育拒否	①児童の問題による監護困難 ②父の虐待・酷使 ③母の放任・怠だ ④母の虐待・酷使 ⑤母の精神疾患等 ⑥養育拒否	①児童の問題による監護困難 ②父の虐待・酷使 ③母の虐待・酷使 ④養育拒否 ⑤母の精神疾患等 ⑥母の放任・怠だ

※　「不詳」「その他」は除く

・**母子生活支援施設の主たる入所理由（上位3位）**

　　①配偶者からの暴力、②住宅事情による、③経済的理由による

・**被虐待児の割合**

施　設　種　別	児童養護施設	情緒障害児短期治療施設	児童自立支援施設	乳　児　院	母子生活支援施設	自立援助ホーム
虐待経験あ　り	65.6%	78.1%	64.5%	40.9%	57.7%	71.6%
身体的虐待	41.1%	66.9%	64.7%	28.9%	30.6%	54.0%
性的虐待	4.5%	9.0%	5.9%	0.2%	4.0%	10.9%
ネグレクト	63.0%	48.3%	49.8%	66.1%	19.2%	54.6%
心理的虐待	26.8%	47.3%	35.3%	16.4%	80.9%	55.1%
虐待経験な　し	30.1%	18.2%	30.1%	57.9%	38.0%	20.3%
不　明	4.0%	3.4%	5.0%	1.1%	3.8%	7.8%

（虐待経験の種類（複数回答））

・**心身の状況別児童の割合**

	該当あり	心身の状況（複数回答）					
		知的障害	外傷後ストレス障害（PTSD）	反応性愛着障害	注意欠陥多動性障害（ADHD）	学習障害（LD）	広汎性発達障害（自閉症スペクトラム）
児童養護施設	36.7%	13.6%	1.2%	5.7%	8.5%	1.7%	8.8%
児童心理治療施設	85.7%	11.3%	8.8%	26.4%	33.4%	2.9%	42.9%
児童自立支援施設	61.8%	12.4%	3.2%	11.5%	30.0%	3.4%	24.7%
乳児院	30.2%	4.7%	0.2%	1.3%	0.4%	0.0%	2.0%
母子生活支援施設	24.4%	6.0%	0.4%	1.4%	4.1%	1.3%	6.0%
自立援助ホーム	46.3%	11.7%	4.9%	10.1%	13.1%	2.3%	13.6%

出典　厚生労働省子ども家庭局・厚生労働省社会援護局障害保健福祉部「児童養護施設入所児童等調査結果（平成30年2月1日現在）」より抜粋

表6−2 基本的生活習慣の獲得を目的とする、起床から就寝までの支援の事例

項 目	支援の内容	保育士が配慮する事柄
起 床	・「おはよう」と一人ひとりに声をかけて起床を促す。 ・健康状態の確認をする。 ・着衣が正しくできるように支援する。 ・身辺の整理、整頓を支援する。	・気持ちよく目覚められるように配慮する。 ・四季に応じて窓等の開閉を考える。
夜尿の始末	・濡れた着衣の着替えを支援する。 ・失敗していなければ、ほめて自信をつけていけるようなことばがけをする。	・温かい気持ちで接し、励まし、元気づけることを心がける。 ・自信をなくすようなことばがけはしないようにする。
洗面、整髪	・鏡を見ながら、清潔感ある整髪ができるように支援する。 ・月に一度の散髪を心がける。	・洗面所を清潔に保ち、気持ちよく洗顔、整髪できるように心がける。
美化活動	・スリッパ、靴の整理、収納ができるように支援する。 ・遊んだ後や食事前の片づけに気をつけ、できていなければ子どもとともに行うようにする。 ・漫画、おもちゃ、学用品等の片づける場所を決め、整理、整頓ができるように支援する。	・常に美化を意識し、子どもが快適に生活できるように心がける。 ・子どもに美化意識が定着するような支援（ことばがけ・見本を示すなど）を心がける。 ・物を大切にするという意識が身につくような支援を心がける。
食 事	・手洗いをして手を拭くことが習慣づくように支援する。 ・お粥などの別メニューが必要であれば早めに厨房職員に依頼する。 ・水分補給が十分できるように支援する。 ・食欲の有無などで体調の変化がないか観察する。 ・薬を用意し、服薬を確認する。	・感謝の気持ちを大切にするように心がける。 ・楽しく、おいしく食べられる雰囲気を大切にして、話題提供に心がける。 ・野菜などの素材の名前や、料理の名前、栄養価等を子どもにできるだけ伝えるように心がける。 ・ゴミの片づけ、汚れたところの掃除などを心がける。
通 学	・通学前に、排泄、排便、歯磨きを終えるように支援する。 ・持ち物確認をして、忘れ物がないかチェックする。 ・健康状態を確認する。	・元気に、気持ちよく登校できるように配慮する。 ・季節、天候にあった服装を身につけられるように支援する。
学 習	・連絡帳に目を通して、学校の様子や宿題を確認する。 ・発達、能力に応じて、さまざまな知識が得られるように支援する。 ・宿題ができているか、忘れ物がないかの確認をする。	・個人の学習レベルを把握して、最善の支援を心がける。 ・自主的に学習する習慣が身につくよう心がける。 ・子どもの興味を大切にした支援を心がける。 ・やる気が出るよう、できた部分はほめることを心がける。
余 暇	・子どもが興味を示すことを自由にできるような支援をする。 ・興味がわくような遊びを提供する。 ・上手に時間を使う習慣が身につくように支援する。	・子どもがのびのびと過ごせるようなかかわりを心がける。 ・子どもの個性、長所が伸びるような働きかけをする。

入　　浴	・入浴までに排尿ができるように支援する。 ・子どもの発達に応じて着脱の支援を行い、自立できるように支援する。 ・入浴マナーが身につくように支援する。 ・子どもの発達に応じて洗髪、洗体支援をし、自然に身につくよう支援する。	・入浴マナーを守り、楽しく入浴できるように心がける。 ・危険がないように配慮する。 ・子どもの体調にあわせて入浴が行えるように配慮する。 ・浴室、脱衣場を清潔に保つことができるように確認、片づけを行う。
翌日の学校の準備	・子どもが持ち帰ったプリントを確認する。 ・連絡帳を確認する。 ・宿題、時間割を確認する。 ・筆箱の中身を確認する。 ・忘れ物がないように持ち物を確認する。	・子どもの持ち物を確認して、必要なものは早めにそろえるように心がける。
就　　寝	・就寝する前に排尿をするように支援する。 ・部屋の片づけができるように支援する。 ・布団を敷き、安心して眠れるように支援する。	・必要に応じ添い寝などをして、安心して眠れるような雰囲気をつくるように心がける。 ・絵本などを読み、安心感を与えるように心がける。

※発達や年齢によって異なることがある。

ちに人を思いやる気持ちが育ったり、がまんすることの大切さ、ルールを守ることの大切さを学んだりすることが期待できるのである。

　地域交流事業や関連団体の行事への参加は、施設以外の人と交わることによって、社会性を身につけるとともに、自尊感情を高めていくよい体験の機会になる。つまり、地域の大人や子どもたちと同じ行事に参加・協力することによって、地域の一員として認識されているという実感をもつようになり、施設の職員以外から声をかけられることによって、「人の役に立った」「自分の実力が認められた」「地域の大人からほめられた」という実感が得られ、自尊感情を高めることができるのである。

3．学校生活および学習保障

(1)　施設と学校の関係

　一般的に家庭生活は、家族を取り巻く生活環境との相互作用の中で子どもの養育を含む日常の生活が営まれている。児童養護施設等の児童福祉施設も例外ではない。特に児童養護施設等を利用している子どもは、地域の幼稚園や小学校、中学校に通い、幼稚園や学校生活を通して地域社会と日常的なかかわりをもっているので、施設が地域社会から隔絶された特別な空間として存在するのではなく、地域の一員として施設を取り巻く環境と良好な関係を築くことが必要である。

表6-3　ある児童養護施設の年間行事予定

	施設関係	地域関係	その他	学校行事
4月		野球・ソフトボール大会		入学式 入園式 始業式
5月	こどもの日			林間・臨海学校
6月		女子バレーボールリーグ戦		中間テスト 小学校修学旅行
7月	七夕祭り 健康診断 夏休みの計画	野球大会	海の子の集い	個人懇談 学期末テスト 終業式 夏休み
8月	キャンプ	高校生参加行事	自然教室	
9月	夏休み反省会	女子バレーボール大会		始業式 小学校運動会
10月				中学校文化祭・体育祭 幼稚園運動会 中間テスト
11月	七五三参り クリスマス会の企画		地域の大学祭の招待	
12月	冬休みの計画 クリスマス会 餅つき			懇談会 学期末テスト 終業式 冬休み
1月	元旦 冬休みの反省会	新春子ども大会		始業式
2月	節分		一日里親	入園・入学説明会 中学校修学旅行 学年末テスト 私立高校入試
3月	春休みの計画 ひな祭り 卒園・卒業祝会			公立高校入試 卒業式 修了式 春休み

※子ども会議（自治会）は毎月実施。

(2)　児童施設と学校が連携を必要とする理由

　子どもが過ごす1日の中で、家で過ごす時間8時間、寝る時間8時間、学校で過ごす時間8時間というように、3分の1は学校で過ごす。子どもの人格形成や発達成長にとって、家庭教育が大きなウエートを占めていることはいうまでもないが、学校教育で子どもは、知育・徳育・体育など総合的な領域の教育を受けて、生きる力をつけて意義のある人生に向けての基礎を築くのである。

　また、児童養護施設に入所すると、施設のある地域の学校に通学しなくてはならない。当然、年度途中での転入もある。そして、施設入所してくる子どもの多くは、家庭生活が不安定であるため、落ち着いて学習に取り組める機会を与えられず、多くは学力遅滞や低学力であり、基礎学力が不足している。したがって学校においても、宿題をやっていないとか、提出物が出せないとか、学校の授業についていけないという状況が起こりうる。

　次に、情緒面においても施設入所してくる子どもは自尊感情が育っておらず、自己イメージが低い子どもが多い。その上に、情緒の不安定さも伴って、学校でさまざまな問題行動を起こすことがある。また、自分がうまく表現できず、先生や級友にも理解されず孤独に陥っている子どももいる。

　以上のような理由で、施設と学校とは連携を密にし子どもの正しい理解に努めなければならない。

(3)　施設と学校との関係づくりのポイント

①　施設と学校との協働体制が不可欠である

　施設の担当とクラス担任のみならず、以下の通り施設と学校との全体的な相互理解を深めることが大切である[4]。

- ・施設長と学校長との関係
- ・主任指導員、主任保育士と教頭の関係
- ・児童担当保育士とクラス担任との関係
- ・施設、児童担当保育士とPTAとの関係

②　施設と学校の相互理解を深めていくためには

　施設と学校との相互理解を深めていくためには、施設の現状や学校の現状をお互いによく知って歩み寄ることが大切である。そのための方法としては、施設と学校との定期的な連絡会や情報交換会を開催することが有意義である。そのほかに、施設側からのアプローチとして、学校長に法人の理事や評議員として施設の運営に参画してもらい、実状や現状を知ってもらうという方法をとっているところもある。

[4]　小学校はクラス担任制、中学校は教科担任制であることを頭に入れておくことが大切である。

学校の現状や雰囲気を知っておくために、保育士が学校行事（参観日、懇談会、学年活動等）に参加して関係を深めていくこともポイントとなる。

③　施設とPTA活動

　PTAの役員になっている人は、地域の中でキーパーソンであることが多い。PTAの人たちとともに、いろいろなPTA活動をすることによって、保育士が保護者と顔見知りになり、学校の情報や地域の情報を得ることができる。そして、PTA活動を通して、保育士がつくった関係が、学校や地域から施設を理解してもらえることへとつながっていく。

　施設によっては、施設長がPTA会長や役員を引き受け積極的な地域とのかかわりを展開しているところもある。

(4)　学習保障

　基本的な生活習慣獲得を目標として、施設生活の支援が行われる中で、学習指導は子どもの進路保障につながることから、社会的自立に大いに関係する部分である。

　まず、1日の生活習慣の確立の中で、学習の習慣づけを継続し、生活の一部の決まった時間に学習時間を設定することが学習習慣の定着につながりやすい。最初は保育士の方から働きかけ、できれば一緒にやっていくと子どもの励みになり、次第に学習習慣がついてくる。

　次に学習に遅れがある子どもについては、どこでつまずいているか、どんな学習の仕方がその子どもにあっているのかを把握することが大切である。一人ひとりの能力や個性や特徴にあわせて、根気よく、ねばり強く支援するということが必要である。

　集団生活している施設では、学習できる環境も大切である。各居室に子ども一人ひとりに学習机がある、学校から帰ってくるとまず宿題をする等の動機づけをする、集中できる学習室を設けるなど生活にあわせた工夫も必要である。

　中学生になると、高校受験という人生の中でも一つの大きなハードルをクリアしていかねばならない。そのためには、職員の支援だけでなく学習ボランティアを活用することなども有効である。大学生などが1対1でかかわることなどによって、落ち着いて学習の取り組みができるようになる。

4．心理的な支援

　心理的なニーズは情緒的な満足と関係している。心理的なニーズが満たさ

れているときには安心感が芽生え、心理的な欲求が満たされないときには情
緒的不安をもたらし、環境適応性を困難にするのである。
　アブラハム・マズローは「安心を得ている子どもは健康に育つ、安心への
ニーズこそ満たされなければならない」として、ヒューマンニーズの階層図
を示している（図6-1）。
　心理的ニーズが欠損するときは心身の健康を失うことになり、充足するこ
とにより発達の動機づけを促すと説明した。さらに、真・善・美といった価
値を求め、自分にとって意味のある生活を望む、存在への愛ともいうべき自
己実現のニーズがあることを示したのである。
　ヒューマンニーズの階層図が示していることは、施設における支援のあり
方に大きな参考になる。子どもは施設に入所してくるまでに、家庭や地域社
会で不適切なかかわりをされ、衣食住が満たされていないことや心理的にダ
メージを受けていることが多い。一番愛されるべき存在である親（保護者）
から虐待を受けたり、学校でいじめにあったりして、人間としての尊厳を傷
つけられてきた経験をもっているため、自己イメージが悪く、生きることさ
え否定的になっていることがある。
　子どもが、自尊心を回復するためには、常に保育士から愛されている、信
頼されているという実感をもてるようなかかわりや言葉がけが大切であり、
日常の支援の中で「あなたは大切な人です」というようなメッセージや「自
分が認められている」ということを子どもに認識させるために些細なことで

図6-1　ヒューマンニーズの階層図

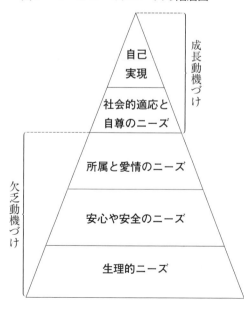

⑤　**自己実現**
自分の中にある可能性を見つけ、十分に
発揮していくこと
④　**社会的適応と自尊のニーズ**
自分が価値のある存在と思うこと、かけ
がえのない自分を大切にしたいと思う心
③　**所属と愛情のニーズ**
自分を受容してくれる家庭や仲間、グ
ループがあること。また、人を愛し愛さ
れる関係があること
②　**安心や安全のニーズ**
安全で、恐怖や苦痛がないこと
①　**生理的ニーズ**
食べること、寝ること、住むところなど

もほめるということを実践していかねばならない。

　なお、児童福祉施設の中で唯一心理的治療を実践している児童心理治療施設では、次の6つの基本的な考え方で支援が展開されている。

① **距離の確保**—待避の場として施設を利用し、どうにもならなくなった日常生活から一度離れて、ほどよい間合いをおいてみる。

② **猶予の保障**—せきたてられて、せめられるのではなく、待ってもらいやり直してみるゆとりを手に入れる。

③ **理解の会得**—わかってもらえる、つきあってもらえることから、何かをみつけたり、感動の意欲を取り戻す。

④ **欠落体験の補充**—温かく落ち着いた雰囲気に包まれ、過去に失われた体験を埋め合わせたり、行きすぎた体験を中和したり、それまでにもちえなかったり、許されなかったもう一つの世界を垣間見る。

⑤ **試行錯誤やリハーサル**—他人の釜の飯や同じ釜の飯を食いながらまずは、その中でやってみることにより力をつける。

⑥ **自立や自治への挑戦**—してもらったり、やらされてきたことを自分からしてみようとし、自分だけでやろうとして、やがて戻っていくためのエネルギーやスキルを身につける。

　心理的な支援を考える際、すぐに臨床心理士による心理治療と考えがちであるが、そうではない。心理治療を行う場合には、子どもの生活上での安定感や安心感がなければ何の効果もあらわさないことが多い。つまり、まず第一に保育士による日常的な支援がなければ、心理治療は成り立たないということを忘れてはならない。

4　ファミリーソーシャルワークと自立支援計画の策定

1．ファミリーソーシャルワーク

⑴　ファミリーソーシャルワークとは

　個人や家族の力のみでは解決困難な生活課題を抱える家庭を対象に、家族一人ひとりの福祉と人権の擁護に向け、個々の機関（施設）の職員（ケースワーカー等）が、関係機関との連携のもとに、専門的援助技術や社会資源を活用しつつ、家族を構成する個々人の自己実現と生活設計を見通し、家族構成員、

とりわけ子どもが健全に育つ場としての家庭がその機能を十分に発揮できるよう支援していくことである。

(2)　ファミリーソーシャルワークが必要な理由

　児童養護施設に措置されてくる子どもの大部分が虐待を受けた経験をしている。そして、その親たちの多くもまた子どもの頃に虐待を受けたことがあるという人も多い。つまり、社会的弱者であった保護者が、その怒りや無力感を肉体的・精神的な暴力として、より弱者である子どもに向けているという構造があることを理解する必要がある。児童養護施設でのファミリーソーシャルワークを実践するときは、保護者自身がどのような生育歴をもち、どのように家族を形成するに至ったのか、そのプロセスと環境を考慮する必要がある。

　保護者へのアプローチについては、受容的に接し共感しながら信頼関係（ラポール）を形成していくことが第一である。そして、保護者に寄り添いながら徐々に不安感を和らげ、保護者がもっているストレングス（強みや良さ）に着目しながら、保護者自身がエンパワメント（問題を解決する力を引き出し）して、自分自身の課題や問題に立ち向かっていけるように支援することが重要である。

2．自立支援計画の策定

　児童相談所が相談を受理してから措置を決定する過程で各種診断をもとに判定が行われ援助指針が策定される。この援助指針には、子どもの意向を聴取し、親（保護者）の意見を聞いた結果、当事者の思いが反映される。施設が児童自立支援計画を作成するにあたり、入所するときに児童相談所から施設に引き継がれる児童記録票の援助指針の項目には、親（保護者）・子ども等の意向の欄があり、それらが記載されているので考慮しなければならない。

①　インテーク

　施設では、児童相談所の児童福祉司のほか、子どものケースにかかわってきた地域・学校等の関係者からも情報や意見を集める。そして、子ども自身や親（保護者）の意向とともに、不安に思っていることなどの意見を十分に聞いて、思いを配慮しながら、入所2週間から4週間の観察期間をおいた後、行動記録を参考にして子ども一人ひとりにケースの目標と計画を立案する。目標と計画は、子どもの施設生活を通した支援と家族への支援であるファミリーソーシャルワーク、そして、地域社会の資源の活用という3つの柱で考

える必要がある。

　②　プランニング

・子どもに対する支援計画

　児童記録票やインテークで集め、また子どもの生活の観察情報から、現在の年齢・発達段階における発達課題に対する計画、学力面での支援、育成歴の中で積み残されてきたものや十分形成できなかったと予測される課題への支援、心理面および身体面での治療的課題に対する支援、障害に対する支援等を整理し、達成可能なものを長期・中期・短期目標として設定する。そして、それぞれの目標に対する課題とその働きかけや環境調整について計画を立てる。

・親子関係に対する支援計画

　児童養護施設等で子どもたちを支援する上で親子関係の維持や、子どもが帰ることのできる家庭の存在は重要である。子どもに対する養育について、施設が親（保護者）と協働関係をつくり、施設に入所してから退所するまで、連続性と一貫性がはかられるような支援をしなければならない。具体的には、親子関係や家族機能の再構築についての見通しやニーズ、解決しなければならない具体的課題を考慮に入れ、親（保護者）の状況にあわせた親子への支援の方法を計画する。

　親子の関係維持調整の具体的方法としては、電話や手紙による連絡、面会や帰省等、誕生日や七五三、入園・入学・卒業式等成長を祝う記念日をともに過ごす、施設行事や学校行事への参加などがある。施設と親（保護者）との関係では、子どもの養育に関することや進学・就職等進路について、ともに相談することや、協働していくことが必要である。また、家族への支援は児童相談所を中心に必要に応じ各種機関が連携をして進められる。施設は子どもと家族との状況等を児童相談所との情報交換を綿密に行いながら計画の進捗をはかる。

　③　社会資源の活用

　子どもの健全育成・自立支援を考えるときに、家庭と同様に子どもにとって大きな資源となるのが地域社会である。そのため通園・通学する幼稚園、学校や地域社会で子どもがどのように生活しているのかといった状況や地域社会の養育環境はどのような状況にあるのかなどを把握している必要がある。そして、地域の子育て環境や子育て支援状況および社会資源などについてアセスメントし、活用できる社会資源などの活用方法や形の計画を立てる。

　④　児童自立支援計画の作成と評価・展開のプロセス

　それぞれの担当者によって立案された計画は、施設内で行われるケア会議

で検討され、子ども一人ひとりの児童自立支援計画としてまとめられ文章化
される（表6－4）。

　児童自立支援計画は、入所時だけでなく、子どもの成長や家庭状況の変化
に合わせて検討・修正される。そして、その都度子どもや親等の意見が反映
され、児童相談所の意見を加えて計画が作成される。家庭状況に特別な変化
がなくとも、おおむね半年ないし年度ごとに計画およびケースの見直しを行
い、計画を遂行する。

　子どもの成長に関して、毎月ごとの生活記録と発達課題や行動上の問題等、
目標に対する支援の振り返りと評価を行い、これらは育成記録としてまとめ
られる。親（保護者）等との交流や家庭状況に関する情報も育成記録、ある
いは、ファミリーソーシャルワークの記録に記載され、児童自立支援計画の
策定や修正に反映される。

　以上のように児童自立支援計画を軸とした諸会議や計画に基づく支援の展
開により、入所から退所するまで、一貫した支援が実現する。この流れを図
で表現すると図6－2となる。

表6－4　自立支援計画票（記入例）

施設名　□□児童養護施設

フリガナ	ミライ コウタ	性別	○男　女	生年月日	○年　○月　○日（11歳）
子ども氏名	未来　幸太			作成年月日	×年　×月　×日
保護者氏名	未来　リョウコ　実母 未来　良子	続柄	実母 実父		

主たる問題　実母からの身体的虐待。トラウマ・行動上（衝動的行為の暴力）の問題

本人の意向	母が自分の間違いを認め、謝りたいといっているし、謝ってもいいかなと思う。でも母に対する嫌な気持ちはあるし、母といるのはこわいと思う時もある。
保護者の意向	母親は本児に対するこれまでの養育は不適切なものであったことを認識している。しかし、母親自身も虐待されていたので、どのようにしたらよいのかは理解できない。謝りたいが、本児に対しても謝りたい。
市町村・学校・保育所、職場などとの意見	自分が気に入らない人らとの仲違いをしたくないといって、クラスメイトに対して乱暴な言葉使いや態度をとらせている。また、学校では小学校の担任の意見（通学している小学校の担任）
児童相談所との協議内容	入所の経過（3ヶ月）をみると、本児は施設生活に適応し始めているが、自分の問題性については施設内で少しずつしか言行に表してくれないので積極的な通所での指導を受けるとともに本児に対しては児童相談所の通所指導を実施してはどうか。本児の状況が良いという通信ならば通信を活用して再統合を図る。

【支援方針】　本児の行動上の問題を改善する。トラウマからの回復を図る。母親に対しては継続指導を実施する。

第1回　支援計画の策定及び評価　　　　次期検討時期：　△年　△月

【長期目標】

子ども本人

支援上の課題	支援目標	支援内容・方法	評価（内容・期日）
被虐待体験により、人間に対する不信感や恐怖感が強い。	人間に対する不信感や恐怖感を抱くことが減少する。	保育士（職員）が本児に対して言動できる限り背定する言葉などでかかわれるように声をかける。	○○年○月○日　曜日
自尊感情が低く、コミュニケーションがうまく取れない。	自尊感情を育み、自己肯定、保育士（職員）とのコミュニケーションがうまく取れる。	保育士（職員）がモデルになっている姿を示す。コミュニケーションを取る機会を増やす。	○○年○月○日　曜日
自分がどのような状況になると問題行動を起こすのか、その感情を認識していない。	自分の感情をコントロールできるようになり衝動的な行動や暴力が出ない。	衝動的行動や暴力が出そうな時にフィールドバックをする。そして、感情をコントロールできる方法を一緒に考える。	○○年○月○日　曜日

【長期目標】　母親が本児との関係でどのような状態になり、それが修復へとどのように結びついたかを整理解できるようにする。本児と母親との関係性を改善する。

家庭（養育者・家族）

支援上の課題	支援目標	支援内容・方法	評価（内容・期日）
母親は虐待行為に対するこだわりはあるが、認識は深まっていない。抑制技術が身に付いていない。	虐待が子どもの発達に悪影響を及ぼすのかを認識して、本児への抑制技術を身につける。	児童相談所における個人面接の実施（月2回程度）	○○年○月○日　曜日
母親自身が虐待体験やや感情を認知していくことができる。	母親が自らのトラウマを治療する感情を受ける。	精神科に通院してトラウマの治療を受ける（カウンセリング等も含む）	○○年○月○日　曜日
思春期の児童への養育技術が十分に身についていない。	思春期の児童に対する養育技術を獲得する。	ペアレンティング教室への参加。	○○年○月○日　曜日

【長期目標】　安定した学校生活を送りながらクラスメイトとうまくかかわれるのをもつ。学力を向上する。

地域（保育所・学校等）

支援上の課題	支援目標	支援内容・方法	評価（内容・期日）
クラスメイトに対して乱暴な言葉使いや態度をとっている。	自分の気持ちを抑制する。	保健室と連携して、タイムアウトを利用して、持ち堪えられるようにする。	○○年○月○日　曜日
クラスにうまく馴染んでいない。	クラスでできるだけ早く容ける。	施設で同じクラスの児童に仲介してクラスに溶け込めるように電話しても良いからクラス担任と連携を密にとりながら指導する。	○○年○月○日　曜日
5年生の学力が身についていない。	基礎学力を向上する。	宿題のやり忘れが少ないように課題設定して、できたらほめる。	○○年○月○日　曜日

【長期目標】　児童相談所と機関連携しながら親子関係を調整する。母親と本児の問題行動を軽減する。

総合

支援上の課題	支援目標	支援内容・方法	評価（内容・期日）
母親と本児との関係の調整が必要。	母親と本児との関係を調整・改善く、母子関係修復を図る。	母親と本児がトラウマの治療を受け、児童相談所と施設とが連携して援助を行う。	○○年○月○日　曜日
		通信などを活用して本人と母親との関係調整を図る。	○○年○月○日　曜日

【特記事項】　通信については開始する。面会については通信の状況をみつつ判断する。

出典　児童自立支援計画研究会編『子ども・家庭への支援計画を立てるために―子ども自立支援計画ガイドライン』（財）日本児童福祉協会　2005年を筆者が修正して作成

図6-2　子どもの健全な発達のためのアセスメント及び自立支援計画システムについて

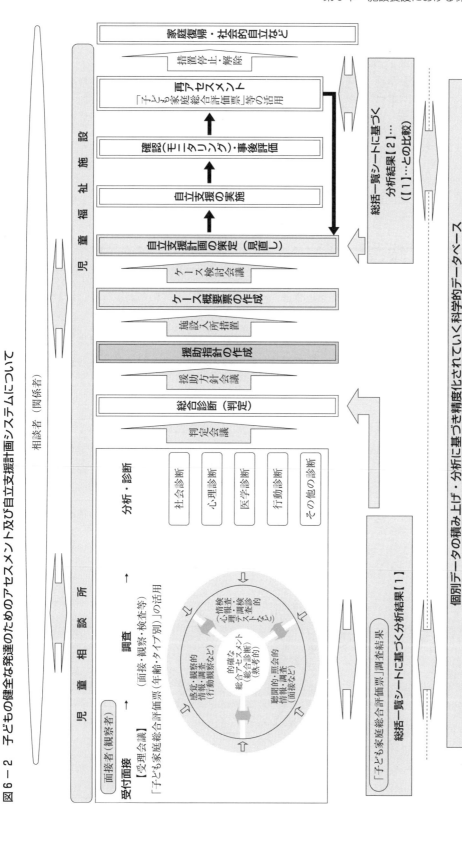

出典　児童自立支援計画研究会所編「子ども・家庭への支援計画を立てるために―子ども自立支援計画ガイドライン」(財)日本児童福祉協会　2005年

〈引用・参考文献〉
1）伊達悦子・辰己隆編『保育士をめざす人の児童家庭福祉』みらい　2012年
2）山縣文治編『よくわかる子ども家庭福祉』ミネルヴァ書房　2002年
3）神戸賢次・喜多一憲編『新選・児童の社会的養護原理』みらい　2011年
4）北川清一編『新・児童福祉施設と実践方法 養護原理のパラダイム』中央法規出版　2001年
5）大阪府社会福祉協議会児童施設部会・部会誌作成委員会『つながり』新日本法規出版　2001年
6）大阪府社会福祉協議会児童施設部会・援助指針策定委員会編『児童施設援助指針』1998年
7）児童自立支援計画研究会編『子ども・家族への支援計画を立てるために―子ども自立支援計画ガイドライン』㈶日本児童福祉協会　2005年

コラム　信頼される保育士とは？

　子どもたちが保育士にお願いがあるときは、一番信頼している人のもとに行く。たとえば、ある保育士からこんなエピソードを聞いた。

　「小学１年生のときから担当しているM敏ではあるが、高校生になり日頃はあまり話さなくなっていた。そのM敏があるとき、野球のユニホームと背番号６をもって、ぶっきらぼうに縫いつけてほしいと言ってきた」という具合である。

　野球をする子どもたちにとっては、試合用のユニホームと背番号６（レギュラーのショートがつける番号）は大切な宝物であり、それを信頼していない保育士には渡さない。

　高校生にもなると、日頃はあれこれと保育士に話をしなくなる。ただ、それは思春期に親を疎ましがるのと一緒で、大事なとき、大切なことは一番信頼している保育士を頼りにするものである。

　ことばだけでなく、子どもが伝えたいメッセージを敏感に感じとること、その積み重ねが、子どもとの信頼関係を築いていくのである。

第**7**章

◆ ◆ ◆　家庭養護の種類と特徴　◆ ◆ ◆

キーポイント

　ここでは、社会的養護の形態として、養育者の家庭に迎え入れて子どもを養育する「家庭養護」である里親、ファミリーホームの特徴と支援内容の取り組みについて学び、理解する。
　ここ数十年の間に、大規模な集団による施設養護の環境について度々見直しが行われ、家庭的で小規模な生活単位支援を行う小規模グループケア、グループホームを積極的に導入することが提言され取り組まれてきた。さらに、2016（平成28）年の児童福祉法改正により、これまでの施設養護中心の児童の社会的養護を見直し、子どもたちの委託先として里親やファミリーホームなどの家庭養護を優先して検討することになった。子どもたちが地域社会の中で暮らしながら自立を育む支援を推進する取り組みについて学びを深めていこう。

1　家庭養護の現状と実態

1．家庭養護とは

　家庭養護とは、養育者の家庭に要保護児童を迎え入れて養育を行うものである。子どもにとって一貫して継続的に特定の養育者が確保されており、その養育者の生活基盤のもとで暮らし、また、その養育者の家庭で同居する人たち（養育者の実子、他の委託された里子など）とも生活が共有される環境で家庭と同様の養育や暮らし方が地域社会の中で保障されるところにその特徴がある。具体的には、里親とファミリーホームで行われている。

2．家庭養護（里親、ファミリーホーム）が必要とされる子どもの現状

　厚生労働省が2022（令和4）年に発表した「社会的養育の推進に向けて」によると、現在のわが国において、保護者のない子ども、被虐待児など家庭

表7－1　里親・ファミリーホームの現状

里親　家庭における養育を里親に委託			登録里親数	委託里親数	委託児童数
			14,401世帯	4,759世帯	6,019人
	区分（里親は重複登録有り）	養 育 里 親	11,853世帯	3,774世帯	4,621人
		専 門 里 親	715世帯	171世帯	206人
		養子縁組里親	5,619世帯	353世帯	384人
		親 族 里 親	610世帯	565世帯	808人
ファミリーホーム　養育者の住居において家庭養護を行う（定員5～6名）					
	ホ ー ム 数		427か所		
	委 託 児 童 数		1,688人		

出典　厚生労働省「社会的養育の推進に向けて」2022年　p.2を一部改変

環境上の理由などから公的な責任として社会的養護の対象となっている子どもは全国で約4万2,000人となっている。そのうち、里親では6,019人、ファミリーホームでは1,688人の子どもたちが暮らしている。

3．里親委託の推進の状況

　日本の社会的養護は、諸外国に比べて、施設養護比率が高く里親や養子縁組は低いという指摘がなされてきた。しかし、2004（平成16）年、2008（同20）年の児童福祉法改正により里親制度が強化され、里親およびファミリーホームへの委託率（里親等委託率）は、全国平均で22.8％（2020（令和2）年度末現在）と少しずつ増加している。里親等委託率には自治体間で大きな差があるが、新潟県で58.3％など、里親等委託率が5割を超えている自治体もあり、2010（平成22）年度から2020（平成2）年度の10年間では、さいたま市が12.7％から45.9％に増加させるなど、大幅に伸ばした自治体もある。こうした自治体では、児童相談所への専任の里親担当職員の設置、里親支援機関の充実、体験発表会、市町村と連携した広報、NPOや市民活動を通じた口コミなど、さまざまな努力をしており、推進に力を入れている。

2　児童のパーマネンシーの保障

1．「パーマネンシー」とは

　子どもたちが社会的養護に委ねられる場合、子どもたちが経験する親子分離の受け止めをどのように配慮して支援したらよいかという重い課題がある。子どもの年齢や理解力を考慮して、その理由を適切に伝えたり、丁寧に説明したりすることが必要となる。しかし、子ども自身が自分の実親や家庭の状況の現実と向き合うことは容易なことではなく、その過程を見守ることが重要な支援となる。実親幻想*1や血縁にとらわれたり、また「自分が悪いから親と引き離され一緒に暮らせないのだ」などの自己否定観に苛まれたりしないよう、真実告知*2を含めた十分な配慮が必要である。

　パーマネンシーとは、このように子どもが実親や親族と暮らすことが不可能な場合、それに代わる安定した恒久的で永続的な関係を子どもと養育者の間で形成し、安定した養育環境の中で生活することを意味する。特に、家庭養護では子どもと養育者の関係が安定し信頼形成がしやすい利点がある。子どもの成長を見据え一貫した個別的ケアが保障されることが不可欠である。

2．措置変更に伴う課題とパーマネンシープランニング

⑴　措置変更に伴う課題

　社会的養護において、子どもに安定した家庭的な環境を保障し、一貫した支援を継続することの重要性は認識されているものの、いくつかの課題がある。たとえば、児童相談所の一時保護所を経験し、乳児院や児童養護施設、里親などに措置が決定される。乳児院には年齢の上限があるため、いずれ他の施設に措置が変更される。また、子ども自身の非行や問題行動により児童養護施設から児童自立支援施設への措置変更が行われる場合もある。里親に委託されても養育者と子どもの間の関係不調が生じて他の施設への措置が検討される場合もある。

　こうした措置変更に伴う経験は子どもの心を傷つけ、慣れ親しんだ環境からの引き離しや以前の養育者との関係の希薄化や落ち着かない不安定な生活を強いることにつながり、さまざまな成長と発達への影響があることを理解

＊1　実親幻想
　養親に育てられている子どもが、もしかすると自分の親は養親よりももっと立派で良い人だったのではないかと幻想を抱くこと。

＊2　真実告知
　養親から子どもに「生みの親ではなく育ての親である」ことを告げること。養親子間で真実告知を行うことは、養親子関係を良好に保つためにも大切とされている。子どもの成長と理解力にあわせて丁寧に伝えていく必要がある。

＊3　フォスターケ
ア・ドリフト
　家族再統合の取り組
みをすすめても、親子
関係の修復、回復、改
善が困難で家に戻るこ
とが望めず、いくつも
の里親宅で生活し、安
定した子ども期の生活
の場が定まらない状態
のこと。

＊4　パーマネンス
　養育者、養育環境の
安定性、永続性を意味
する。

しておかなければならない。こうした問題はすでに、里親委託が中心の米国で1970年代から「フォスターケア・ドリフト」＊3と呼ばれ、里親家庭を転々とする子どもの状況から注目されるようになった。安定した養育環境構築のための「パーマネンス」＊4を保障するため、援助計画に基づく支援の必要性が認識されるようになり、パーマネンシープランニングが位置付けられ、取り組まれてきた。

(2)　パーマネンシープランニングの基本的な考え方

　パーマネンシープランニングとは、子どものパーマネンスを根幹においた支援計画のことである。第一に実親の抱える課題への適切な支援により家庭の問題をできるだけ早期に解決し、実親との関係回復や交流を優先した家族再統合支援を中心に家庭復帰に向けた取り組みを最大限保障して行う。しかし、保護者、家庭の状況の改善が容易ではない場合がある。その際には、実親の意向を踏まえながら、養子縁組を検討し、養子縁組先が得られない場合は里親委託を検討することで、永続的な家庭環境が保障される処遇を目標とする。

　さらに、養子縁組、里親がむずかしい場合には施設養護などの代替的養護を検討して支援を行う。その際にも、養育にあたる施設職員との安心や信頼感に基づく安定した関係と個別的で家庭的なケアを一貫して子どもに保障していくことを大切にする支援を保障することを意味する。

3　里親制度とは

1．里親とは

　里親は児童福祉法第6条の4で、要保護児童を養育することを希望する者、養子縁組によって養親となることを希望する者などであって、都道府県知事が児童を委託する者として適当と認めるものと規定されている。

　里親は家庭での養育が困難または受けられなくなった子どもに、温かい愛情と正しい理解をもって整えられた家庭環境の中で養育を提供する役割を担っている。子どもは里親の家庭での生活を通じて、特定の大人との愛着関係の中で養育を受けることができ、地域社会の中の一員として、当たり前の日常生活環境を経験しながら、成長、発達が保障されていくことが可能である。

2．里親による家庭養護の特徴

　2011（平成23）年、厚生労働省から「里親委託ガイドライン」が出されたことにより、里親委託の意義、里親委託優先の原則、里親に委託する子ども、保護者の理解、里親への支援、里親への委託方法などが具体的に示された。里親による家庭養護では、保護が必要な子どもを直接養育者の家庭に受け入れて養育することができるため、次のようなさまざまな効果や課題がある。

●効　果

・特定の養育者（一般的に夫婦で行う）との愛着関係の下で継続的に養育されることが可能なため、子ども自身の存在が受け入れられているという安心感をもちやすいこと、自己肯定感を育みやすく、人との関係において不可欠な基本的信頼感を獲得しやすい。

・里親の家庭で、子どもが適切な家庭生活を体験できるので、家族それぞれのライフサイクルにおける当たり前の暮らし方を知り、将来、家庭生活を築く上でのモデルとすることが期待できる。

・家庭生活の中で人との適切な関係の取り方を学んだり、身近な地域社会の中で、必要な社会性を養うとともに、豊かな生活経験を通じて生活技術を獲得することができる。

●課　題

・近年は被虐待児や発達障害、心理行動上のさまざまな問題をもつ養育上のむずかしい子どもが増加しており、研修参加や児童相談所や里親支援機関の支援を積極的に受けて、里親夫婦の養育能力を高めていくことが不可欠となっている。里親のストレスも高くなることから、里親サポート体制の充実が望まれている。

・委託される児童の生育歴や実親との生活、以前の施設での生活で身につけた経験などを十分考慮して受け入れていくことが必要になる。子どもには実親や親族との関係があることを踏まえて、児童相談所と連携しながら、尊重して養育を行う必要がある。

・里親との信頼関係形成、生活になじんでいくまでには時間がかかる場合がある。その間に子どもが赤ちゃん返りなどのさまざまな試し行動を見せることがあるが、十分受け止めなければならない。また、乳幼児期から長期にわたり委託された子どもの場合など、里親特有の「真実告知」の課題がある。自分の実親や出自*5などについて知ることは、子どもの権利でもあるが年齢発達にあわせて適切に伝えていく必要があり、子ども自身のアイデンティティ形成を支えていく支援が不可欠となる。

＊5　出自
　その人の生まれた場所、属していた文化、集団、親子、家族、親族などの関係を含む生まれ育ちのこと。

3．里親制度の内容

⑴　里親の種別
　里親は「養育里親（専門里親を含む）」「養子縁組里親」「親族里親」の３区分、４類型で構成されている（図7-1）。

⑵　里親に支給される手当
　里親手当が支給される。あわせて子どもの一般生活費、幼稚園費、教育費、医療費などの諸費用が支給される（図7-1）。

⑶　里親になるには
　説明会や講演会などで情報を得たり、児童相談所や里親支援機関によるガイダンスを受けたりしながら、児童相談所を通じて自ら希望して登録の申請を行う。認定までの間には、社会的養護に関する基礎知識を学ぶ研修や施設での実習が行われる。同時に、家庭環境への訪問調査も実施され、里親としてふさわしいかどうかを児童福祉審議会里親認定部会で審議されたのち、里親と認定される。認定後は児童相談所を通して子どもが紹介され、子どもと里親のマッチング、交流期間を設けて受け入れ準備を行い、改めて里親委託となる（図7-2）。

⑷　里親に委託される子ども
　新生児から高年齢児まですべての子どもが検討の対象となる。保護者の疾病など比較的短期間な場合から、虐待、非行、障害など児童と家庭の状況によりさまざまな理由から長期におよぶ場合もある。そのため、複雑な家庭環境や子ども自身も深刻な心身の課題を抱えていることを理解する必要がある。

⑸　里親への支援体制
①　里親支援センター
　2022（令和4）年の児童福祉法改正により、里親支援センターが児童福祉施設として位置付けられた（2024（同6）年から施行）。里親支援事業を行うほか、里親および里親に養育される児童並びに里親になろうとする者について相談その他の援助を行うことを目的とする施設とし、同センターの長は、当該事業および当該援助を行うに当たっては、都道府県等の関係機関と相互に協力し、緊密な連携をはかるよう努めなければならないものとした。

図7－1　里親制度の概要と里親に支給される手当等（2021年）

種類	養育里親	専門里親	養子縁組里親	親族里親
対象児童	要保護児童	次に挙げる要保護児童のうち、都道府県知事がその養育に関し特に支援が必要と認めたもの ①児童虐待等の行為により心身に有害な影響を受けた児童 ②非行等の問題を有する児童 ③身体障害、知的障害又は精神障害がある児童	要保護児童	次の要件に該当する要保護児童 ①当該親族里親に扶養義務のある児童 ②児童の両親その他当該児童を現に監護する者が死亡、行方不明、拘禁、入院等の状態となったことにより、これらの者により、養育が期待できないこと

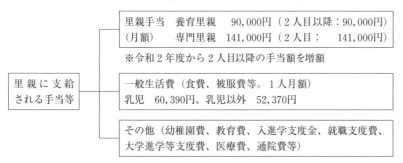

里親に支給される手当等	里親手当　養育里親　　90,000円（2人目以降：90,000円） （月額）　　専門里親　141,000円（2人目：　141,000円） ※令和2年度から2人目以降の手当額を増額
	一般生活費（食費、被服費等。1人月額） 乳児　60,390円、乳児以外　52,370円
	その他（幼稚園費、教育費、入進学支度金、就職支度費、大学進学等支度費、医療費、通院費等）

出典　厚生労働省「社会的養育の推進に向けて」2022年　p.244を一部改変

図7－2　里親登録と研修の流れ

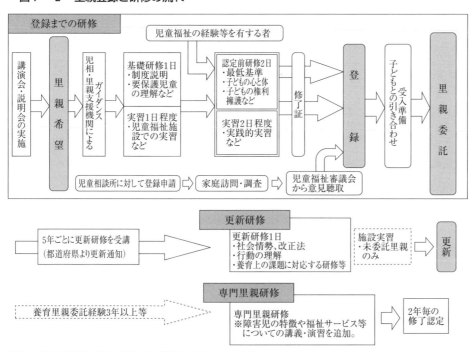

出典　厚生労働省「社会的養育の推進に向けて」2022年　p.86

②　里親への支援内容

　里親に育てられる子どもと里親に対する支援は不可欠となっており、支援体制の充実が進められてきた。その具体的内容については、「里親支援事業実施要綱」(平成29年) により示されているので、具体的に表7－2の5つの内容から把握しよう。

　こうした里親制度の運営については、「里親制度運営要綱」「里親委託ガイドライン」「里親及びファミリーホーム養育指針」などが定められており、これらが定める基本事項に基づいた支援が行われている。

　また、「フォスタリング機関 (里親養育包括支援機関) 及びその業務に関するガイドライン」において、里親のリクルート、研修、サポートを里親と児童相談所、乳児院、児童養護施設等が連携した養育チームとなって一貫して担う支援体制がとられている。

表7－2　里親への具体的な支援内容の概要

①里親制度等普及促進事業	里親への社会的認知を広めるため、地域住民への啓発、周知活動、講演会、説明会などを行い、養育里親、養子縁組里親の開拓を図る。また、里親に対しての研修活動を行う。
②里親委託推進等事業	最も子どもにあった里親選定のために、里親と子どもの交流、関係形成などの委託調整、マッチング、子どもの自立支援計画書の作成を行う。児童相談所の里親担当職員、里親等委託調整員、施設の里親支援専門相談員及び里親により構成される里親委託等推進委員会を設置し、協力体制を取り進めていく。
③里親トレーニング事業	未委託里親 (子どもを預かっていない養育里親、専門里親、養子縁組里親で養育技術のトレーニングを希望する者) に対し、施設や里親宅での実習、外部講師による講義、ロールプレイや事例検討などのトレーニングを行うことで、養育技術の習熟を高める。
④里親訪問等支援事業	里親の孤立や悩みなどの抱え込みを防ぐため、里親宅へ定期的に訪問し、子どもの状態の把握や里親からの相談にのり、指導・助言を行う。里親の養育負担軽減のために必要に応じてレスパイトケアの調整、家事・養育を補助する援助者の派遣などが行われる。
⑤共働き家庭里親委託促進事業	共働きの里親宅での養育と就業が可能となるよう相談支援を充実させるため、試行的実施をすすめることで、将来の委託推進を図る取り組みも進められている。

出典　厚生労働省「里親支援事業実施要綱」2017年をもとに作成

4. 里親の形態

　里親の役割を4つの類型区分からみていこう。

(1)　養育里親

＊5　要保護児童
第4章1-2.「児童福祉法と社会的養護」p.70参照。

　要保護児童[*5]の養育を希望する者で、都道府県知事からの認可を受け、養育里親名簿に登録されて社会的養護を担う養子縁組などを希望しない一般的な里親である。一定の養育里親研修を受けることが義務付けられており、5年ごとの更新研修を受講する必要がある。委託児童数は同時に4人（自分の子どもがある場合6人まで）を超えることはできない。

　なお、①成年被後見人または被保佐人、②禁錮以上の刑に処せられ、その執行を終わり、または執行を受けることがなくなるまでの者、③児童福祉法および児童買春、児童ポルノに係る行為等の処罰及び児童の保護等に関する法律等の規定により罰金の刑に処せられ、その執行を終わり、または執行を受けることがなくなるまでの者、④児童虐待または被措置児童等虐待を行った者、その他児童の養育に関し著しく不適当な行為をした者などの欠格事由に該当しない者で、経済的に困窮していないことが認定の要件である。

養育里親の例

　生後6か月のD子は乳児院に入所した。理由は母親がうつ病と診断され子どもの養育ができなくなったからである。身近に親族など助けてくれる人がおらず、父親は子育てと仕事の両立、また妻の看病はむずかしいと訴え、次第に離婚を希望し、子どもの養育については施設に預けたいと相談した。児童相談所ではまず、乳児院でD子を保護を行い、母親の回復を見守った。

　母親は入退院を繰り返し、父親は離婚を希望していた。父親はこのまま施設での養育を希望し、乳児院でのD子と両親との面会交流も途切れがちになり、D子の家庭復帰の見通しは厳しいものとなった。こうした状況を考慮し、乳児院と児童相談所では引き続き、家庭環境のなかでの養育を検討し里親委託を進めていった。D子が1歳半になったときに**養育里親A家**が委託先の候補となった。A家はすでに2人の子どもの養育の経験があった。D子を紹介されたA家では定期的に乳児院を訪ね、面会交流を始め、D子との関係形成を深めた。次第に3人で外出、A家宅での外泊もできるようになり、その回数を重ねた。児童相談所の児童福祉司は家庭訪問し、養育者と子どもの良好な関係と子どもにとってふさわしい家庭環境を確認した上で、A家を**養育里親**として正式に委託した。

---

(2)　専門里親

　専門里親とは、養育里親の経験が3年以上あり、養育の経験が豊富であること、教育や福祉に従事した経験のある者、専門里親研修課程を修了していることなどを要件に、児童虐待により有害な影響を受けた児童、非行、身体障害、知的障害、精神障害がある児童で都道府県知事が特に必要と認めた児

童を養育する。専門里親は2年ごとの専門里親研修の修了認定を行う。一度に委託できる子どもの数は2人までと規定されている。

専門里親の例

I男は5歳のときに児童養護施設に措置された。夫婦仲が悪く、母親はほとんど子どもの世話をせず家を飛び出したり、戻ってきたりを繰り返していた。I男の両親はI男が3歳のときに離婚したが、母親は養育を拒否したので、父親が引き取ることになった。その後、父親は再婚したが、継母からも食事を与えない、叩くなどの虐待を受けるようになり、他のきょうだいが生まれてからはいっそう虐待が激しくなった。そこで、父親は施設に子どもを預けることを考えるようになった。実母もすでに再婚し別の家庭を持っていた。こうしてI男は児童養護施設に入所したが、父親は一時帰宅の受け入れ、面会も拒否し家族の交流はむずかしかった。I男は児童養護施設に入所してしばらく経つと、他児への暴言やパニック、興奮などのさまざまな問題が見られ、なかなか改善につながらなかった。

そこで、児童相談所ではI男を専門里親に委託することを検討し、実親に同意を取った上で、I男が7歳のときに**専門里親**のS家で生活することになった。S家は10年の里親経験があり、現在まで自分の子どもの他に長期、短期の里親で8人の子どもたちの養育をしてきた。Sさん夫婦はより厳しい環境で育つ子どもたちへの力になりたいと考え、さらに研修を受け、専門里親となった。

I男は多くの課題を抱えていた。暴言があり嘘をついた。施設での日常生活支援を受けながらも、生活のマナーも十分身についていなかった。学校へは真面目に通っていたが学力は低く、友だちができなかった。そこで、Sさん夫婦は日常生活や学校で安定した過ごし方ができることを第一として、I男とかかわりように心がけた。彼自身の部屋がある、整えられた食事が用意される、自分の気持ちや希望を言うことができる、そうした実感を十分に持てるようにし、休日にはSさん夫婦と外出もした。このように家庭生活の安心、安全が伝わるように接した。

学校では「体育や運動が好きだ」と答えるI男に、近所にサッカーチームがあることを伝えると、興味を示し行ってみたいと希望した。チームの仲間とも関係ができ、日常生活が広がり、少しずつ自信や苦手な勉強にもやる気を持つようになってきた。こうした変化を大切に見守りながら、Sさん夫婦はI男の養育に取り組んでいる。

(3) 養子縁組里親

里親は養子縁組と混同されやすいこともあったため、2008（平成20）年の児童福祉法改正で里親と養子縁組里親が区別され、2016（同28）年の改正で「厚生労働省令で定める人数以下の要保護児童を養育すること及び養子縁組によつて養親となることを希望する者」と法定化され、養育里親と同様に申

請・登録等を行い、里親希望者には、養子縁組里親研修が義務化された。また、養子縁組成立後も、児童相談所や地域の関係機関から必要な支援を受けることができる。

⑷　親族里親

　要保護児童の両親や現に監護する者が死亡、行方不明または拘禁、入院等の状態となったことにより、子どもの養育が期待できない場合に、要保護児童の3親等内の扶養義務を負う親族（祖父母、きょうだい）が親族里親になることができる。おじ・おばは養育費だけが支給される親族里親に位置付けられていたが、東日本大震災への対応として2011（平成23）年にはおじ・おば等直系でない親族も養育里親として認定できるようになり、養育里親研修の受講を要件として、養育費だけではなく里親手当も支給されるようになった。

5．養子縁組制度について

　養子縁組制度とは、親子関係のない者の間で法律上の親子関係を発生させるもので、養子縁組は、行政機関である児童相談所により里親制度の中で実施される場合と、民間の養子縁組団体によって実施される場合があり、普通

表7-3　養子縁組制度

	普通養子縁組	特別養子縁組
施　行	1898（明治31）年	1988（昭和63）年
名　称	普通養子	特別養子
成　立	養親と養子の親権者と契約 家庭裁判所の許可により成立	家庭裁判所に申立て審判を受けなければならない
親子関係	実親、養親ともに存在	実親との関係消滅
戸籍上の記載	養子・養女	長男・長女
養親の離縁	認められる	養子の利益のため特に必要がある時
養子の年齢	制限なし	15歳未満
相続権	実親・養親の両方の相続権がある	実親の相続権は消滅する
養子縁組の主旨	家の存続、後継ぎを目的とする	父母による養育が不適当または困難を理由とする子どもの福祉を第一とする

出典　一般社団法人ベビーライフ「特別養子縁組と普通養子縁組の違い」、厚生労働省「特別養子縁組制度について」をもとに作成

養子縁組と特別養子縁組の２つのタイプがある。

　特別養子縁組は、養親が自分の希望する子どもを選択的に養子にするのではなく、子どもと実親の複雑で深刻な事情を踏まえ、社会的養護の理念に基づき、子どもの幸せ（well-being）を第一として行うものである。

6．ファミリーホームによる家庭養護の特徴

(1)　ファミリーホームとは
　養育者の家庭に子どもを迎え入れて養育を行う家庭養護の一環として、保護者のない子どもまたは保護者に監護させることが不適当であると認められる子どもに対し、この事業を行う養育者の住居（ファミリーホーム）において、子ども間の相互作用を生かしつつ、子どもの自主性を尊重し、基本的な生活習慣を確立するとともに、豊かな人間性および社会性を養い、子どもの自立を支援することを目的とする生活の場で、第二種社会福祉事業として定められている。

　以前は「小規模住居型児童養育事業所」の名称であったが、施設的な印象となっていたことから、2012（平成24）年４月に改正された児童福祉法施行規則より、「小規模住居型児童養育事業を行う住居（ファミリーホーム）」と名称を変更した。

(2)　ファミリーホーム（小規模住居型児童養育事業）の内容
　子どものケアにあたる職員は基本的に夫婦である「養育者」と「養育補助者」の３人以上で行われる。委託される児童は５〜６人程度となっている。養育者は養育里親経験者、児童養護施設、乳児院で養育の経験がある者等とされている。

　ファミリーホームは地域社会にあっては、施設ではなく一般家庭として機能する。ファミリーホームは、里親に比べ家族の人数が多いのが特徴であるが、子ども同士の人間関係を含めて家族関係の良いモデルとして、ともに成長していけることが利点となっている。里親への委託に際して、実親が同意に抵抗感を抱きやすい場合があるが、多人数養育の場であるファミリーホームは、比較的その意識が薄まることから、委託に同意しやすい傾向がある。

ファミリーホームの例

　児童養護施設で働いていたＥさん夫婦は施設での職務経験を生かし、家庭的環境で子どもの養育を行いたいと考え、里親の認定を受けファミリーホームを開設した。現在、4歳（女子）、5歳（男子）、小2（男子）、小3（女子）、中1（男子）、中3（女子）の6人の子どもたちを受け入れており、きょうだいのように暮らしている。

　養育者であるＥさん夫婦の他に、養育補助者が2名の体制でホームが維持されている。ここに委託された子どもたちの理由は虐待やネグレクト、父母の離婚や母親の長期入院などさまざまである。普通の家庭と同じ環境の一軒家から子どもたちは学校へ通い、習い事をしたり、友達と遊びに行ったり、時には本当の親子のように喧嘩しながら暮らしている。

　ホームに来た頃には暴言や暴力的なふるまいをする子や、赤ちゃん返り、試し行動がひどい子どももおり、児童相談所の児童福祉司の助言を受けたりすることもあった。また、勉強が嫌で学校を休みがちになり、学校の先生と相談しながら対応する場合もあった。家庭の事情や一人ひとりの課題が違うため、発達障害や虐待のトラウマなどについて研修が不可欠で、里親としての養育力を高めるよう努力が欠かせない。また、近隣の人たちにもファミリーホームを理解してもらえるよう働きかけたり、できるだけ地域の行事や交流に参加したり、子どもたちが自然に社会とつながりながら育つよう取り組んでいる。

〈参考文献〉

1）厚生労働省「社会的養護の現状について（参考資料）」2017年
2）厚生労働統計協会編『国民の福祉と介護の動向　2022／2023』2022年
3）厚生労働省「令和3年度福祉行政報告例（児童福祉）」2022年
4）厚生労働省「児童養護施設等の小規模化及び家庭的養護の推進のために」2012年
5）厚生労働省雇用均等・児童家庭局「里親委託ガイドラインについて」2011年
6）厚生労働省「ファミリーホームの要件の明確化について」2012年
7）厚生労働省「新しい社会的養育ビジョン」2019年
8）厚生労働省「社会的養育の推進に向けて」2022年
9）厚生労働省「フォスタリング機関（里親養育包括支援機関）及びその業務に関するガイドラインについて」2019年
10）厚生労働省『「児童福祉法等の一部を改正する法律」の公布について（通知）』2022年
11）厚生労働省「里親支援事業の実施について」2017年

コラム　子どもたちの家庭養育をいっそう推進するための里親に対する支援の充実

　2016（平成28）年に改正された児童福祉法では、子どもを家庭で養育するという理念が明確になった。また、2017（同29）年8月に厚生労働省から発表された「新しい社会的養育ビジョン」では、里親養育を推進するための包括的な里親支援機関を2020（令和2）年度までにすべての都道府県で整備することを目標としたことから、「フォスタリング機関（里親養育包括支援機関）及びその業務に関するガイドライン」が作成された。

　子どもの家庭養育を優先するという原則が打ち出されたことで、日本の社会的養護がめざそうとする子どもの保護のあり方が変化し始めている。さまざまな事情から実親とともに暮らすことのできない子どもたちがいる中、幅広い年齢層の子どもたちが地域社会の中で、普通の家庭で暮らし、育つことについてどうしたら保障していくことができるだろうか。

　また、社会全体で子どもを育むという理念があるものの、社会的養護の支援のもとで暮らす子どもたちに対する偏見や差別がないとは言えない。ケア・リーバー（社会的養護経験者）の声にさらに耳を傾ける必要もある。里親に対する理解もまだ十分とは言えないところがある。そうした中で打ち出されたフォスタリング機関による里親への支援体制が強化されることの意義は大きい。

第**8**章

◆ ◆ ◆　施設の運営　◆ ◆ ◆

キーポイント

　2000（平成12）年の社会福祉法改正の主たる要点の一つが、利用者の立場に立った社会福祉制度の構築のために、措置制度から利用・契約制度へ移行したことである。

　社会的養護の分野では、措置制度は残されたものの、改正の趣旨を踏まえ、第三者評価事業、苦情解決、情報の提供など、利用者本位のサービスの実現に向けての取り組みがなされている。閉鎖的であった施設も社会的評価にさらされるようになり、サービスの質が問われようとしている。施設の運営は、これまで以上に公正かつ適切に行われなくてはならず、そして開かれた施設であることが求められている。

　社会福祉制度がどのように変わろうとも、児童福祉施設の本質が子どもの養育であることに変わりはない。それを直接担う保育士の役割は大きい。サービスの質の向上をめざしていくためには、保育士の資質の向上は不可欠である。そのためには、職場における人材育成と「ゆとり」のある労働環境の実現が重要である。

1　施設の運営

1．措置制度

(1)　残された措置制度

　2000（平成12）年、わが国の社会福祉の基本法ともいえる社会福祉事業法が「社会福祉法」へと名称も含め大幅に改正された。改正の主たる要点の一つが、利用者の立場に立った社会福祉制度の構築であった。

　具体的には、戦後の社会福祉制度の根幹であった措置制度を改革し、原則として利用者の自己決定・自己選択が可能な契約による利用制度を採用したことである。つまり、行政処分によりサービス内容を一方的に決定する措置

制度から、利用者が事業者（施設）と対等な関係で契約を結び、それに基づいて事業者がサービスを提供する利用制度へと移行することが基本とされた。

　しかし、乳児院・児童養護施設・児童自立支援施設などの社会的養護の分野では措置制度が存続されている。これは、契約の主体として親権者を位置付けることが必ずしも適当でないとの判断からである。たとえば、親からの虐待が深刻で親子分離をして児童養護施設へ入所させることが適当な場合、契約に基づく利用制度では、親からの拒否があると施設入所はむずかしくなってしまう。これでは、子どもの利益が損なわれてしまうからである。

(2)　措置制度の実際

　前述したように児童養護施設などの社会的養護の分野では措置制度が残された。措置制度は、ある人に福祉サービスをその量や方法も含め提供するかどうかについて行政処分といわれる法形式で行政庁が一方的に決定する仕組みであり、利用者側にどのサービスを利用するかの選択権は与えられていない。この行政処分を措置といい、措置決定によって、行政（都道府県）は社会福祉法人等の経営する施設等に措置委託をし、利用者にサービスを提供する対価としての委託料を措置費として施設等に支払う仕組みである[1]（図8－1）。

　つまり、都道府県の責任として、養護を要する児童を発見、保護し、施設等にその養育を委託するというものである。子育てに関する行政の責任を謳った児童福祉法第2条の「国及び地方公共団体は、児童の保護者とともに、児童を心身ともに健やかに育成する責任を負う」を具現化した仕組みが措置制度なのである。

図8－1　措置制度

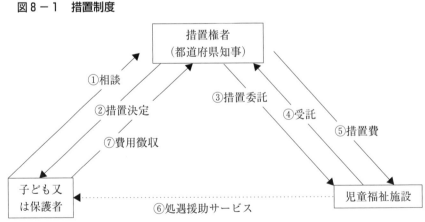

出典　社会福祉法人経営実務研究会監『社会福祉法人経営実務』第一法規　2002年

(3)　措置費

　施設を運営する費用は、その大部分が措置費によって賄われている。措置費は、施設職員の人件費および施設運営に必要な管理費からなる事務費と、給食費や学校教育費など子どもの生活や支援に必要な事業費とで構成されている。措置費の執行については、これまで人件費が不足するからといって事業費から流用することは認められないなど一定の規制があったが、近年、最低基準を満たす限りにおいて弾力化がはかられている。

　表8－1に児童養護施設の措置費の内容を示した。事業費の中には、学校給食費と医療費などといった、それに要した費用（いわゆる実費）が支給されるものと、それ以外の、子ども一人あたりの単価が設定されており定額が支給されるものがある。

　措置費は、子どもの健全な成長発達を保障するものでなければならないが、学力をはじめ、さまざまな問題で一般家庭の子どもとの格差が指摘されてきた。そこで、2009（平成21）年度からは、幼稚園就園、中学生の部活動および

表8－1　措置費の内容（児童養護施設）

事務費	一般事務費	人件費	使途：職員給与・諸手当、賃金、法定福利費
		管理費	使途：厚生経費、旅費、物品費、印刷製品費、光熱水費、燃料費、会議費、修繕費、業務委託費、役務費、借料損料など
	加算分		小規模施設加算、職業指導員加算、寒冷地加算、3歳未満加算、年少児加算、特別指導費加算、学習指導加算、個別対応職員雇上費加算、心理療法担当職員雇上費加算、家庭支援専門相談員雇上加算、小規模グループケア加算など
事業費	生活諸費		使途：給食費、保健衛生費、被服費、教養娯楽費、日用品費、本人支給金、光熱水費、燃料費、器具什器費、修繕費など
	教育諸費	教育費	義務教育に必要な学用品、教材等の購入費、中学生の学習塾費および部活動費など
		学校給食費	小・中学校給食費
		見学旅行費	小6・中3・高3の修学旅行費用
		幼稚園費	幼稚園就園に必要な入学金、保育料、制服等の実費
		入進学支度金	小1・中1への入進学に必要な学用品等の購入費
		夏季等特別行事費	小中学校で行われる臨海、林間学校等の費用
		特別育成費	高等学校の学校納付金、教科書代、通学費、資格取得費、学習塾費など
	その他の諸費	期末一時扶助費	年末における被服等の購入費
		医療費	医療機関で診療を受けた場合の医療費、眼鏡代など
		職業補導費	義務教育修了児が職業補導機関へ通う交通費、教科書代など
		就職支度費	退所児の就職に必要な寝具被服等の購入費、生活費など
		大学進学等自立生活支度費	進学に際し必要な学用品や参考図書類の購入費、住居費、生活費など
		葬祭費	死亡児の火葬または埋葬納骨費など
		児童用採暖費	冬期の採暖に必要な燃料費

通塾のために要した費用（実費）などが措置費として支給されることとなった。

　現在では、高校生が就職や進学に役立つ資格を取得するための経費（定額）、大学進学等自立生活支度費（定額）、大学進学のための学習塾の費用（実費）等も支給されるようになった。

　そのほかの財源としては、地方公共団体補助金、共同募金配分金、団体および個人からの寄附金等があるが、大半の施設ではこれらは運営費の１割に満たない。また、施設整備に際しては、措置費とは別に補助制度がある。

２．施設の運営

⑴　社会福祉法人

　児童福祉施設の経営形態は公営と民営の大きく２つに分けられる。乳児院や児童養護施設は、民営で社会福祉法人が運営するものが大多数を占める[*1]。

　社会福祉法人は、社会福祉事業を行うことを目的として、社会福祉法によって設立される。福祉という特に公益性の高い事業を行うための特別法人であり、その認可要件等も厳しい。また、施設整備に多額の公的助成を受け、税制上もさまざまな優遇措置があることをあわせて考えると、その社会的責務はほかの法人と比して特に重いといえる。こうした点を踏まえ、2016（平成28）年の社会福祉法の改正では、「経営組織のガバナンス強化」「事業運営の透明性の向上」「財務規律の強化」「地域における公的な取り組みを実施する責務」、「行政の関与のあり方」といった社会福祉法人制度の改革が行われた。

　社会福祉法人の役員には、理事と監事がいる。理事によって構成される理事会は、施設の運営方針を決定し、業務執行の責任機関である。一方、監事は、予算の執行状況、環境整備、子どもへの支援の内容など、施設運営が適正に行われているかどうかをチェックする役割をもつ。また、社会福祉法人には、役員へのけん制機能をもつ評議員会を置くことが義務付けられている。評議員会は法人運営に係る重要事項の議決機関でもある。地域の福祉ニーズや福祉サービスを利用する当事者の声を法人の運営に反映させていく必要から、評議員会を構成する評議員は、学識経験者や地域社会の代表者など「社会福祉法人の適正な運営に関して識見を有する者」からふさわしい人が選ばれることになっている。

⑵　施設長の役割

　どの施設でも施設長のリーダーシップは子どもへの支援のあり方に大きく

影響する。とりわけ社会的養護を担う施設は、成長発達の過程にある子どもたち、加えて虐待を受けて精神的痛手を負っている子どもたちの養育に携わるのであるからなおさらである。かつて、体罰等の施設内虐待が明らかになった施設で、その体罰の実行者の中心人物が施設長自身であったという報告もある。施設長自身が不適切な養育観をもっていれば、当然のことながら、その施設では不適切な養育が行われてしまう。また、2019（令和元）年の児童福祉法の改正により、児童福祉施設の長についても、子どもへの体罰を加えてはならないと明文化されている。

　児童養護施設では、ケアワーカー（児童指導員・保育士）のほか、心理療法士、ファミリーソーシャルワーカー、看護師などの専門職が配置されるようになり、その支援に高い専門性が求められるようになってきた。施設長には、豊かな知識と経験、そして人間性に裏打ちされたリーダーシップが、これまで以上に求められている。

　国は、社会的養護を担う施設について、2011（平成23）年9月、児童福祉施設最低基準を改正し、「社会福祉士」「その種の施設の職員として3年以上勤務した者」など、これまで示されていなかった施設長の資格要件を明記するとともに、2年に1度以上、その資質の向上のために国が指定する研修を受けることを義務付けた。

(3)　施設の組織

　施設はその規模の大小を問わず、施設長、書記、保育士、児童指導員、調理員などの職種によって構成される職員集団が、協働して子どもへの支援や施設運営にあたっている。

　職員集団は、職員個々の動きが一つひとつの歯車として噛み合い、全体が有効に機能していくように組織が構成されなければならない。そのために重要な役割を果たすのが、職員会議とケース会議である。

①　職員会議

　職員会議は通常、月1回開かれ、業務内容の確認、行事計画と反省、研修の報告、伝達、支援上の課題の検討などを柱に実施される。

　職員会議は、施設の運営が民主的になされる上で核となるものであるから、管理者の一方的な訓話や伝達だけでは意味がない。できうる限り全職員が参加でき、自由に意見を言えるような雰囲気づくりに配慮すべきである。そうすることで、すべての職員に施設の運営に参画しているという自覚が生まれ、職務に対する責任感や意欲の向上もみられるのである。

図8-2　施設の組織図の例

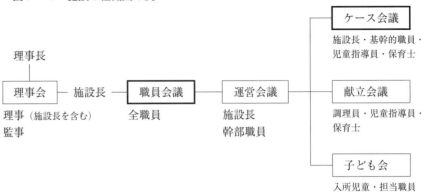

② ケース会議

＊2　基幹的職員
　自立支援計画の作成
および進行管理、職員
の指導等を行う職員。

　ケース会議は、施設長あるいは基幹的職員＊2をスーパーバイザーに、児童指導員・保育士といった直接子どものケアにあたる職員(ケアワーカー)によって構成され、子ども一人ひとりについて支援目標や具体的な支援の方法などが検討される。また、児童自立支援計画の作成の場でもある。

　ケース会議は、一人の子どもの支援についてみんなで検討するところに意味がある。職員の勤務は交替制であるから、一人の子どもに何人もの職員がかかわることになる。一人の子どもについて、そのケアにあたるすべての職員が、その子の課題や支援する上で配慮する点を共通理解することは、支援の効果を上げるためにも大切なことである。

　たとえば、子どもを厳しくしつけることが大切だと思う職員と、多少のだらしのなさには目をつむって子どもを伸び伸び育てたいと思う職員では、支援に対する価値観もそれぞれで違う。職員が各々の価値観に基づいて子どもの支援にあたったのでは、子ども自身がどうしてよいのか混乱してしまい、期待する効果は得られない。そのようなことがないように、ケース会議を通して、施設長の支援方針に沿うように職員個々の支援に対する価値観の調整をはかっていくことが大切である。

　また、経験の浅い職員にとっては、ケース会議は現任訓練の場にもなる。たとえば、自分にとって問題と思われる行動も、成長発達にとって大切な行動であることに気づかされることもある。

　いずれにせよ、一人の子どもの問題を担当の職員だけが抱え込むのではなく、職員全体でその子どもの問題を共有化し、チームとして支援にあたることが大切である。そのためにも、ケース会議は最低でも月2回は開かれる必要がある。

⑷　人材の育成

①　育成のレベルと身につける事柄

　学校を卒業したばかりの保育士は、保育士養成課程を終えたとはいえ、プロとしても社会人としてもまだまだ未熟である。保育士にとって施設は、職場でありながら、子どもとの共生の場でもある。子どもの成長発達に寄り添いながら、子どもとの関係に試行錯誤しながら、保育士自身が成長していく姿を見せていくことも大切である。しかし、施設の勤務は不規則で、日常の業務も過重なので、保育士が独力で自己研鑽を積んでいくには、精神的、時間的なゆとりがないのが現実である。

　そこで重要となるのが、職場における人材育成である。全国児童養護施設協議会では、子ども達の抱える課題、養育単位の小規模化、里親支援、そして地域の子育て支援への参画に対応できる人材を育成するために「児童養護施設の研修体系―人材育成のための指針[3]」(以下、指針)を策定した。

　指針では、職員経験年数と業務実績等により、人材育成のレベルを以下の6つの階層に分けている。

＊3　2015（平成27）年2月に取りまとめられ、2017（同29）年3月に改訂版が出された。

①	**入 職 前 職 員**	児童養護施設での採用が決まっている者
②	**新 任 職 員**	入職1年目〜3年目
③	**中 堅 職 員**	入職4年目〜6年目、またはそれと同等の業務経験と研修履歴がある者
④	**上 級 職 員**	入職7年目以上、またはそれと同等の業務経験と研修履歴がある者
⑤	**基 幹 的 職 員**	上級職員にあって、基幹的職員研修を修了した者
⑥	**施 設 長**	施設長となる資格を有した者

　さらに、職員が身につけるべき事柄を8つの領域に分け、レベルごとに身につけるべき事柄を明らかにした。その1例として、表8-2に「新任職員（ケアワーカー）が身につけるべき事柄」を示した。

②　職場研修

　こうした身につけるべき事柄は、実践を積み重ねれば自ずと深化していくというものではなく、意図的・計画的に展開される職場研修によって確実に深化させていかなければならないものである。

　さて、職場研修には次の3つの形態がある[2]。

・**OJT（オン・ザ・ジョブ・トレーニング：職務を通じての研修）**

　職場の上司（先輩）が、職務を通じて、または職務と関連させながら、部

表8－2　新任職員（ケアワーカー）が身につけるべき事柄

①人材育成の基本	・社会的養護における自身の専門性の意味と役割を理解する。 ・児童養護施設の人材育成体系を理解し、研修実践を開始する。 ・自身の研修計画をスーパーバイザーに相談しながら設定し、実施する。 ・スーパービジョンを通して自らの実践の質的向上を図る。 ・カンファレンスに積極的に参加し、主体的に検討を加える。 ・ケースから学ぶ姿勢を身につける。
②資質と倫理	・心身の健康について理解し、自分自身と子どもの健康管理ができる。 ・施設の倫理規定を周知し、それを踏まえた実践を行う。 ・基本的な生活を営むためのスキル（食事、洗濯、掃除、その他）の習得。 ・自らの実践の場をオープンにし、相談できる。 ・適切な記録と報告の技術の習得。 ・防災、救急に関する基本的な知識と技術の習得。
③子どもの権利擁護	・子どもの権利擁護について理解し、実践に反映させる。 ・人種、性別、育ちの背景など多様性を理解、尊重する姿勢を身につける。 ・虐待、搾取、体罰、いじめなど子どもへの不当な扱いについて理解を深め、防止に取り組む姿勢を身につける。 ・子どもの貧困について理解する。 ・個人情報保護について正しく理解し、実践する。
④知　識	・児童福祉法、児童虐待防止法、その他児童福祉と社会的養護に関する法制度について学ぶ。 ・児童虐待の現状と家族の状況について学ぶ。 ・衣食住等暮らしを豊かにするための知識や知見を学ぶ。 ・身体的健康と身体的発育について学ぶ。 ・心的発達の概論を学ぶ。 ・生涯発達について学ぶ。 ・子ども集団に関する心理・社会学的理論や知見を学ぶ。 ・虐待等不適切な養育の心身への影響について学ぶ。 ・発達障害、愛着障害などの子どもの精神障害について学ぶ。 ・非行の現状と児童虐待との関連等の背景について学ぶ。
⑤子どもの支援技術	・傾聴と共感的理解について、スーパーバイザーに指導を受けながら基本的姿勢を身につける。 ・子どもへの基本的な養育技術について、ペアレントプログラムの活用も含めてスーパーバイザーに指導を受けながら身につける。 ・家庭的養育と個別的支援の意義を理解する。 ・一時保護、入所から自立支援まで、ケースの流れを理解する。 ・アセスメントと自立支援計画の基本的なあり方を習得し、スーパーバイザーに相談しながら実践する。 ・カンファレンスの意義を理解し実践に活かす。 ・カンファレンスやスーパービジョンを通して子どもの理解を深める。 ・かかわりながらの行動観察と記録、報告をスーパーバイザーに指導を受けながら適切に行う。 ・子どもの危機的状況（混乱、自傷他害、解離状況、いじめなど）への即時的な対応や予防のあり方を学び、スーパーバイザーに相談しながら実践する。 ・安全で安心できる環境の設定について、スーパーバイザーに相談しながら実践する。 ・子どもの人生の連続性の意味を理解し、連続性を補償する手立てをスーパーバイザーに相談しながら実践する。 ・子ども集団の力動を理解し、スーパーバイザーに相談しながら健全な子ども同士の関係を育む。
⑥チームアプローチと 機関協働	・チームアプローチについて理解し、チームの一員としての自覚と役割を認識する。 ・職員同士が支え合っての実践であることを理解し、実践の基本とする。 ・情報共有の重要性を理解し、記録、連絡、報告を徹底すること。 ・施設に所属する他の専門分野の役割を理解し、協働をはかること。 ・児童相談所の役割と現状、協働について理解し、実践に反映させる。 ・学校の現状と協働について理解し、実践に反映させる。 ・医療機関や警察など、関係する地域の機関について理解する。 ・要保護児童対策地域協議会の役割を理解する。
⑦家族支援	・家族に対する基本的な対応ができるようスーパービジョンを受けながら身につける。 ・スーパービジョンを受けながら家族との協力関係の構築をはかる。
⑧里親・ファミリー ホーム支援	・里親制度について学ぶ。 ・家庭養育と家庭的養育について理解を深める。 ・里親家庭の現状と課題について理解する。

出典　全国児童養護施設協議会「改訂　児童養護施設の研修体系―人材育成のための指針」2017年を一部改変

144

下（後輩）を指導育成する研修。職場研修の基本であり、もっとも重要とされる。とりわけ基幹的職員や上級職員をスーパーバイザーとしたSV（スーパービジョン）体制が確立され、日常的に相談指導が行われる職場環境が求められている。

・OFF-JT（オフ・ザ・ジョブ・トレーニング：職務を離れての研修）

　職務命令により、一定期間日常業務を離れて行う研修。職場内の集合研修と職場外研修への派遣の2つがある。

・SDS（自己啓発援助制度）

　職員の職場内外での自主的な自己啓発活動を職場として認知し、経済的・時間的な援助や施設の提供などを行うもの。

　いずれにせよ、意図的・計画的な職場研修によって、職員自身がステップアップを実感できることが大切である。それが実践に生かされ、子どもたちや組織からの評価が上がれば、職務に対するやりがいや意欲も向上していくのである。

3．施設の管理

(1)　人事・労務管理

　児童福祉施設では、子どもの支援の向上を第一に考え人事が行われる。そこでもっとも重要なのが職員の採用である。職員の採用にあたっては、優れた資質と専門性を有するのはもちろんのこと、現状の職員集団の欠けている部分を補える人材を採用していくことが大切である。そのためにも、どのような人材を採用したいのかあらかじめ明確にしておく必要がある。

　選考は、書類審査、作文や面接の結果を総合判断して行われることが多いが、採用の可否にもっとも大きな影響を与えるのは、やはりその人物に直接触れる面接であろう。面接では、施設長ばかりでなく幹部職員の参加を得て、人物を多面的に評価していくことが大切である。また、一度の面接ではその人物を十分に評価できないということもある。可能ならば、就職希望者に2～3度施設に足を運んでもらい、直接子どもとかかわってもらうことで、その結果を選考の資料とすることも一つの方法である。

　親に代わって子どもを養育することは、「仕事」と割り切れるものではない。仕事の性質上、退勤時間になったからといって子どもとのかかわりを中途で断ち切るというわけにもいかないし、退所した子どもからの相談があれ

ば快く応じるのが人情である。

　児童養護の仕事は、子どもの人生に寄り添うというやりがいのある仕事であるが、子どもとの関係に心身ともに疲弊して、状況によってはバーンアウトして（燃え尽きて）しまうこともある。職員には心身の健康が求められる仕事でもあるといえる。

　今、施設職員にもっとも欠けているものは「ゆとり」である。それは肉体的にも精神的にもである。ゆとりがないから、子どもを怒らなくてもよい場面で怒ってしまったり、子どもともっと向き合わなければならないのにそうできなかったりしてしまう。ゆとりをもつためには、休養をしっかりと保障することがまず大切であるが、行事を精選したり帳簿書類の記入を簡素化したり、また、ボランティアを有効に活用するなどして、日常業務の軽減をはかっていくことも考えていくべきである。つまり、施設運営における労務管理のキーポイントは、職員の精神保健を考えることであり、そのことは子どもの支援にも大きくかかわってくることなのである。

(2)　非常災害・安全管理

　非常災害管理について、児童福祉施設の設備及び運営に関する基準では「軽便消火器等の消火用具、非常口その他非常災害に必要な設備を設けるとともに、非常災害に対する具体的計画を立て、これに対する不断の注意と訓練をするように努めなければならない」（第6条第1項）とし、「避難及び消火に対する訓練は、少なくとも毎月1回は、これを行わなければならない」（同条第2項）となっている。そこで、施設では、防火管理者を選任し、自衛消防隊を編成して、防災計画に基づき毎月訓練を実施している。訓練には、通報、避難、消火などがあるが、年に1度は所轄の消防署の指導を受けて総合訓練を実施することが望ましい。

　避難および消火訓練は、あらゆる可能性を想定して行われることが大切である。たとえば、職員が手薄な夜間の火災を想定した場合、職員だけで避難誘導することは困難である。そのようなときには、年長児の助けを借りることも必要となる。その際、年長児がどのような役割を果たすのか事前に決めておき、訓練を実施することも必要である。

　安全管理については、防ぐことができたはずの事故が起こらないように、建物や設備は、常に保守・点検を行い、危険な箇所が見つかれば速やかに改善していかなければならない。特に屋外遊具については、大きな事故につながる可能性があるので、その安全性について十分な点検が必要である。

　建物や設備ばかりでなく、「人」への警戒も必要である。最近では、不審

者・変質者が侵入することを想定して、非常サイレンや非常通報装置を設置している施設も増えている。

⑶　リスクマネジメント

　リスクマネジメントは、日本語でいえば危機管理のことであるが、これは単なる事故防止策ではない。たとえば児童養護施設では、子どもへの体罰は職員のミスであり、事故である。当然、施設の管理者の責任が問われる。その対策として、職員に権利擁護意識を徹底させること、体罰によらない指導法を身につけさせることなどが考えられる。このように、従来の事故防止策は、ケアにあたる職員がミスを犯さないようにすることを考えてきた。

　しかし、人が絶対にミスを犯さないということはありえないであろう。職員がミスを犯すかもしれないという前提に立って、事故防止策を講じることがリスクマネジメントの考え方である。子どもへの体罰を例に考えると、職員に体罰禁止をいかに徹底したとしても、子どもの挑発や感情を逆なでするような言動に理性を失ってしまうことがある。「つい手が出てしまった」とはそんな場面である。このようなことへの対策は、リスクマネジメントの考え方にしたがうと、職員間の情報交換を密にして子どもの心理状況をあらかじめ察知していること、職員からの暴力を引き出してしまう虞_{おそれ}のある子どもへの対応は複数の職員で行うこと（一人での対応では往々にして理性を失うことがある）などが考えられる。

　被虐待児など対応の困難な子どもの入所が増加している児童福祉施設では、リスクマネジメントの考え方を取り入れた施設運営が今後さらに重要である。

2　施設運営の今後の課題

1．支援の質と水準を担保するために

⑴　児童福祉施設の設備及び運営に関する基準

　児童福祉施設がその公益性を維持し、運営や子どもへの支援を一定水準以上に保つようにするために、施設の運営や処遇の基準となるものを省令によって定めている。それが「児童福祉施設の設備及び運営に関する基準」（以下、設備運営基準）である。

設備運営基準は、児童福祉法第45条において、「児童の身体的、精神的及び社会的な発達のために必要な生活水準を確保するものでなければならない」*4と明記され、施設の運営や設備、支援などの基準、条件を定める具体的実際上の内容となっている。施設の運営に携わる者は、それを遵守することが義務付けられており、施設の運営にとって重要な意味をもつものである2)。

設備運営基準はあくまでも最低の基準であって、「児童福祉施設は、最低基準を超えて、常に、その設備及び運営を向上させなければならない」（同基準第4条第1項）と謳われている。

なお、設備運営基準は、2009（平成21）年に制定された地方分権改革推進計画によって、2012（同24）年からは、都道府県に条例委任されている。

（2） 行政の指導監督

措置制度では、子どもの養育は施設に委託されるが、その施設で適切な養育が行われるように指導監督する責任が都道府県にある。

都道府県知事には、施設への立ち入り調査する権限があり、施設の状況が設備運営基準に達しないときには、「その施設の設置者に対し、必要な改善を勧告し、又はその施設の設置者がその勧告に従わず、かつ、児童福祉に有害であると認められるときは、必要な改善を命ずることができる」とし、さらには「都道府県児童福祉審議会の意見を聴き、その施設の設置者に対し、その事業の停止を命ずることができる」としている（児童福祉法第46条）。

このように、社会的養護を担う施設に対して、行政は強い指導監督の権限を有している。それだけに、指導監督する行政職員にも社会的養護についての高い専門性が求められている。

（3） 第三者評価事業

① 定義・目的

国は、2000（平成12）年に改正された社会福祉法で「国は、社会福祉事業の経営者が行う福祉サービスの質の向上のための措置を援助するために、福祉サービスの質の公正かつ適切な評価の実施に資するための措置を講ずるよう努めなければならない」（第78条第2項）と謳い、福祉分野においても第三者評価事業を導入することとした。

② 第三者評価の義務化

措置制度が残された社会的養護の分野では、利用者は、入所する施設を選択する権限を有していない。そうであるならば、施設によって、サービスの

*4　設備運営基準について、都道府県は条例で基準（最低基準）を定めなければならないとされている。

内容やその質に差異があることは好ましくない。そこで、2012（平成24）年
4月より、3年に1度、第三者評価を受審することを設備運営基準の中で義
務付けている。このような取り組みにより、個々の施設が、支援における具
体的な問題点を把握し、サービスの質の向上への取り組みを促進させ、入所
する子どもが受けることのできるサービスの内容や質が、一定の水準以上に
保たれることが期待される。

③　評価基準

　施設の評価を行うからには当然、評価のための基準が必要となる。それが
「第三者評価基準」である。国が示した第三者評価基準ガイドラインでは、
社会福祉施設共通の評価基準と施設種別ごとの内容評価基準に大別されてい
る。それによると、児童養護施設独自の評価基準は表8－3のような観点か
ら構成されている。また、表8－4には、評価基準と評価の着眼点の一部を
示した。

⑷　利用者の視点

　第三者評価基準に基づく評価だけでは、実際に子どもや保護者がサービス
をどのように考え、どの程度満足しているかという観点からの評価が行われ
にくい。そこで、この満足度を把握する方法として、子どもや保護者から直
接意見を聴取することやアンケートを行うことなどが考えられる。サービス
を提供した結果、それがどの程度適切であったか検証することは大切である。

表8－3　児童養護施設の内容評価基準の観点

A－1　子どもの権利擁護、最善の利益に向けた養育・支援（6項目）
（1）子どもの権利擁護（1項目）
（2）権利について理解を促す取組（1項目）
（3）生い立ちを振り返る取組（1項目）
（4）被措置児童等虐待の防止等（1項目）
（5）支援の継続性とアフターケア（2項目）

A－2　養育・支援の質の確保（18項目）
（1）養育・支援の基本（5項目）
（2）食生活（1項目）
（3）衣生活（1項目）
（4）住生活（1項目）
（5）健康と安全（1項目）
（6）性に関する教育（1項目）
（7）行動上の問題及び問題状況への対応（2項目）
（8）心理的ケア（1項目）
（9）学習・進学支援、進路支援等（3項目）
（10）施設と家族との信頼関係づくり（1項目）
（11）親子関係の再構築支援（1項目）

表8－4　児童養護施設の評価基準と評価の着眼点（抜粋）

A－1－（1）－①　子どもの権利擁護に関する取組が徹底されている。

【判断基準】

a）子どもの権利擁護に関する取組が徹底されている。

b）子どもの権利擁護に関する取組が実施されているが、より質を高める取組が求められる。

c）子どもの権利擁護に関する取組が徹底されていない。

評価の着眼点

・子どもの権利擁護について、規程・マニュアル等が整備され、職員の理解が図られている。

・子どもの権利擁護に関する取組が周知され、規程・マニュアル等にもとづいた養育・支援が実施されている。

・権利擁護に関する取組について職員が具体的に検討する機会を定期的に設けている。

・権利侵害の防止と早期発見するための具体的な取組を行っている。

・子どもの思想・信教の自由について、最大限に配慮し保障している。

A－2－（1）－①　子どもを理解し、子どもが表出する感情や言動をしっかり受け止めている。

【判断基準】

a）子どもを理解し、子どもが表出する感情や言動をしっかり受け止めている。

b）子どもを理解し、子どもが表出する感情や言動をしっかり受け止めようとしているが、十分ではない。

c）子どもを理解しようとしていない。

評価の着眼点

・職員はさまざまな知見や経験によって培われた感性に基づいて子どもを理解し、受容的・支持的な態度で寄り添い、子どもと共に課題に向き合っている。

・子どもの生育歴を知り、そのときどきで子どもの心に何が起こっていたのかを理解している。

・子どもが表出する感情や言動のみを取り上げるのではなく、被虐待体験や分離体験などに伴う苦痛・いかり、見捨てられ感も含めて、子どもの心に何が起こっているのかを理解しようとしている。

・子どもに行動上の問題等があった場合、単にその行為を取り上げて叱責するのではなく、背景にある心理的課題の把握に努めている。

・子どもたちに職員への信頼が芽生えていることが、利用者アンケートを通じて感じられる。

A－2－（8）－①　心理的ケアが必要な子どもに対して心理的な支援を行っている。

【判断基準】

a）心理的ケアが必要な子どもに対して心理的な支援を行っている。

b）心理的ケアが必要な子どもに対して心理的な支援を行っているが、十分ではない。

c）心理的ケアが必要な子どもに対して心理的な支援を行っていない。

評価の着眼点

・心理的ケアを必要とする子どもについては、自立支援計画に基づき心理支援プログラムが策定されている。

・施設における職員間の連携が強化されるなど、心理的支援が施設全体の中で有効に組み込まれている。

・心理的ケアが必要な子どもへの対応に関する職員研修やスーパービジョンが行われている。

・職員が必要に応じて外部の心理の専門家からスーパービジョンを受ける体制が整っている。

・心理療法を行うことができる有資格者を配置し、心理療法を実施するスペースを確保している。

・児童相談所と連携し、対象となる子どもの保護者等へ定期的な助言・援助を行っている。

出典　全国社会福祉協議会「社会的養護関係施設第三者評価内容評価基準―判断基準、評価の着眼点、評価基準の考え方と評価の留意点（児童養護施設版）」2022年

　また、施設を退所した子どもの追跡調査を行うことも一つの方法である。施設が行う支援の成果を端的に検証しようとすれば、施設を退所した子どものその後の状況を把握する必要がある。ただ、退所後の状況については、アフターケアの内容も大きく関与してくる。自立支援の観点からみれば、現に入所している子どもの支援だけでなく、アフターケアもまた施設が行う支援として重要な要素であろう。

　いずれにしても、支援の質と水準を担保する前提には、子どもにとってその施設がどうであったかを検証することは不可欠であろう。

２．権利擁護のための実践

⑴　情報の提供

　社会福祉法では「社会福祉事業の経営者は、福祉サービスを利用しようとする者が、適切かつ円滑にこれを利用することができるように、その経営する社会福祉事業に関し情報の提供を行うよう努めなければならない」（第75条）、「国及び地方公共団体は、福祉サービスを利用しようとする者が必要な情報を容易に得られるように、必要な措置を講ずるよう努めなければならない」（同条第２項）とし、事業者および行政に対して情報の提供の努力義務を謳っている。

　措置制度の残った児童福祉施設では、利用契約に基づく入所ではないので、社会福祉法に定められた利用契約の成立時の書面の交付（第77条）が義務付けられていない。しかし、入所に際して、子ども、または保護者に対して、パンフレット等を活用するなどわかりやすい手段で、次のような事項に関して情報の提供が行われることが望ましいとされた。
　　①　当該社会福祉事業の経営者の名称および主たる事務所の所在地
　　②　当該社会福祉事業の経営者が提供する福祉サービスの内容（施設の設備や生活の流れ等）
　　③　福祉サービスにかかわる苦情を受け付ける窓口

⑵　苦情解決の仕組み

　社会福祉法では「社会福祉事業の経営者は、常に、その提供する福祉サービスについて、利用者等からの苦情の適切な解決に努めなければならない」（第82条）とし、事業者に対して苦情解決の努力義務を謳っている。これを踏まえて、設備運営基準では「入所している者又はその保護者等からの苦情

に迅速かつ適切に対応するために、苦情を受け付けるための窓口を設置する等の必要な措置を講じなければならない」（第14条の３第１項）とし、施設では、苦情への対応が義務付けられている。

そこで、施設では次のような苦情解決体制がとられている。

① 苦情解決責任者

苦情解決の責任主体を明確にするため、施設長、理事等がこれにあたる。

② 苦情受付担当者

施設職員の中から任命され、子どもや保護者からの苦情の受け付け、苦情内容や意向等の確認と記録、受け付けた苦情および改善状況等の苦情解決責任者および第三者委員への報告などを行う。

③ 第三者委員

苦情解決に社会性や客観性を確保し、子どもや保護者の立場や特性に配慮した適切な対応を推進するために設置される。設備運営基準（第14条の３第２項）では、苦情解決にあたっては、施設ごとに職員以外の者を関与させなければならないとされている。第三者委員は、中立・公正性を確保するため、複数人であることが望ましいとされ、その要件として、苦情解決を円滑・円満にはかることができる者であること、世間からの信頼性を有する者であることがあげられている。その職務には、子どもや保護者からの苦情の直接受け付け、苦情申出人への助言、事業者への助言、苦情申出人と苦情解決責任者の話し合いへの立ち会いなどがある。

日常の不平不満を苦情としてとらえると、児童福祉施設での支援は、ある面で苦情への対応に追われているといえる。その場で解決できるようなものまで苦情解決の仕組みに乗せていく必要はないが、些細な不平不満にもしっかりと耳を傾けることは大切なことである。些細なことでも放っておくと、施設では解決できない問題にまで大きくなってしまうこともある。日常の不平不満に真摯に耳を傾けることが、苦情解決の第一歩であることを忘れてはならない。

④ 運営適正化委員会

苦情は、第一義的に事業者の責任で解決されなければならないが、第三者委員を含めた話し合いでも解決できなかった場合、外部機関である運営適正化委員会によって苦情の解決がはかられる。運営適正化委員会は、都道府県社会福祉協議会に設置され、人格が高潔であって、社会福祉に関する識見を有し、かつ、社会福祉、法律または医療に関し学識経験を有する者で構成されている（社会福祉法第83条）。

運営適正化委員会は、苦情解決のための相談に応じること、苦情申出人へ

の助言、苦情にかかる事情の調査、苦情解決の斡旋などを行うことができる（同法第85条）。また、苦情の解決にあたり利用者の処遇につき不当な行為が行われているおそれがあると認めるときは、速やかに都道府県知事への通知をしなければならないことになっている（同法第86条）。

図8－3　苦情解決の流れ（児童養護施設の場合）

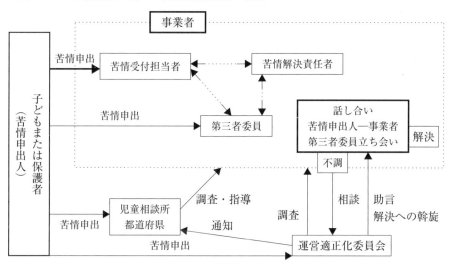

〈引用文献〉

1）社会福祉法人経営実務研究会監『社会福祉法人経営実務』第一法規　2002年
2）新・社会福祉学習双書編集委員会編『社会福祉施設運営論』全国社会福祉協議会　1998年

コラム　施設の子の大学進学（ある施設長のひとりごと）

　高3の女児の大学進学について、多方面に支援を呼びかけていこうと思っていた矢先、こんなことばを聞いた。「不景気の時代、普通の家庭だって進学を諦める子がいるのに、どうして施設の子を大学に進学させなくてはいけないの。家が大変で施設に入っていたのだから進学なんかより働かなくてはならないんじゃないの」と。こうした考え方は一般論として非常に根強いのかもしれない。これこそ劣等処遇の考え方なのだが……。

　私はこう思う。子どもたちがどんな環境に生まれ育ったかによって、自分の意志とは関係なしに進学を断念しなければならないとしたら、そんな社会であっていいのだろうか。貧困家庭に育つこと、施設で育つことは、決してその子の責任ではない。選択不能の環境のせいで、自身の夢を諦めなくてはならないとしたら、格差社会はさらに顕著なものとなろう。そんな社会の日本であることを容認していいのだろうか。

　日本国憲法第13条に「すべて国民は、個人として尊重される。生命、自由及び幸福追求に対する国民の権利については、公共の福祉に反しない限り、立法その他の国政の上で、最大の尊重を必要とする」とある。出生や門地にかかわらず人は個人として尊重されなければならないし、誰にでも幸福を追求する権利があるのである。

　施設の子の大学進学は困難だ。最大の障壁は資金の問題だ。子ども家庭福祉の枠の外にあり、資金の裏付けがないのだ。だからといって、自分ではどうすることもできないことで、夢を諦めなくてはならないとしたら、それはその子だけの問題では終わらない。先輩が夢を諦めていく姿をみた後輩は夢をもつことすらできなくなってしまうのだ。心は荒むばかりだ。大人は子どもに「夢をもて」というのに……。

　自立支援資金の貸付、給付型奨学金、さまざまな民間団体の奨学金など、施設の子にも高校卒業後の進学の道が開かれつつあるが、家族や親族からの支援が見込めない子どもにとって借金を背負うリスクを伴う進学には二の足を踏む者も多い。

　社会的養護にある子どもであっても、それに値する能力があれば、当たり前のように大学進学ができる社会。それは、すべての子が未来に希望がもてる社会でもあるのだ。

第**9**章

◆ ◆ ◆ 児童福祉施設の支援者としての保育士 ◆ ◆ ◆

キーポイント

　児童福祉施設（保育所以外）への就職相談の際、「なぜ、保育所以外の児童福祉施設の保育士をめざすのか」という問いに対して、「子どもが好きだから」「実習に行って自分にあっていると思ったから」「施設で生活する子どもたちのために頑張りたいから」などと理由を述べる学生が多い。

　これらの理由は、あくまで本人側の理由である。もっと、そこで生活している子どもたちのことをどう思っているのかを見つめてほしいものである。

　児童福祉施設の支援者としての保育士とは、「児童福祉施設を利用している子どもたちの日常生活の支援を通して、彼らのwell-being（自己実現）を支援する人である」ことを基本として考えてほしい。

　ここでは、まず支援者としての保育士について、その「資質と倫理」の大切さと奥深さを理解する。そして、「支援者としての専門性」において、その現状と課題を具体的に知り、これから求められる人材について把握する。

　最後に、専門職として活躍する際に、必ず求められるであろう「チームワーク」と「スーパービジョン」についてまとめている。

1　支援者の資質と倫理

1．保育士の大切な資質と倫理

(1)　保育士に必要な資質とは

　保育士の大切な資質を考えるにあたり、まず、保育士の一般的要件からみていこう。「児童福祉施設の設備及び運営に関する基準」の第7条（児童福祉施設における職員の一般的要件）では、「児童福祉施設に入所している者の保護に従事する職員は、健全な心身を有し、豊かな人間性と倫理観を備え、児童福祉事業に熱意のある者であつて、できる限り児童福祉事業の理論及び実際について訓練を受けた者でなければならない」と保育士（＝児童福祉施設にお

ける職員）の一般的要件を明確に規定している。

　この規定を受けて作成された保育所保育指針（平成20年3月）の第7章　職員の資質向上に関する基本的事項で、職員一人ひとりの<u>人間性</u>と保育の<u>専門性</u>の大切さを示した。

　そして、新しい保育所保育指針（平成29年3月）でも、「第5章　職員の資質向上」で、「保育所は、質の高い保育を展開するため、絶えず、一人一人の職員についての資質向上及び職員全体の<u>専門性</u>の向上を図るよう努めなければならない」とし、「1　職員の資質向上に関する基本的事項」の「（1）保育所職員に求められる<u>専門性</u>」で、「子どもの最善の利益を考慮し、人権に配慮した保育を行うためには、職員一人一人の倫理観、<u>人間性</u>並びに保育所職員としての職務及び責任の理解と自覚が基盤となる」と保育士の具体的な資質を示している*1。

　つまり、保育士の基本的要件としては、児童福祉向上に熱意をもち、健全であり、児童福祉の理論および技術を取得した者であることとなる。

　そして、保育士の具体的な資質の一つとして、<u>人間性と専門性</u>をあげ、子どもたちへの愛情と自己の感性に磨きをかけ、常に研修などを通して自己研鑽し、その資質の向上に努めなければならないとしている。

　これらのことは、児童福祉施設で子どもたちを支援する保育士に限らず、施設長も含むすべての職員に求められる資質でもあろう。

　以上、ただ単に、「子どもが好きだから」「実習に行って自分にあっていると思ったから」「施設で生活する子どもたちのために頑張りたいから」だけでは、子どもたちの支援者としての保育士になるには、かなりの困難が予想される。

(2)　全国保育士会倫理綱領

　次に、保育士の大切な倫理である。

　倫理とは、一般的には「行動の規範としての道徳観や善悪の基準である」とされている。

　わが国における社会福祉の代表的な倫理綱領として、日本ソーシャルワーカー協会による倫理綱領（1986年宣言）があげられる。

　この倫理綱領は、1995（平成7）年に社団法人日本社会福祉士会の倫理綱領としても採択されている経過がある。それだけ、保育士はもちろん、社会福祉関係者においては、認知、承認された倫理綱領となっている[1]。

　また保育士においては、児童福祉法第18条に、信用失墜行為の禁止（保育士の信用を傷つけるような行為をしてはならない）、秘密保持（守秘）義務（業務に

表9－1　全国保育士会倫理綱領

　すべての子どもは、豊かな愛情のなかで心身ともに健やかに育てられ、自ら伸びていく無限の可能性を持っています。

　私たちは、子どもが現在（いま）を幸せに生活し、未来（あす）を生きる力を育てる保育の仕事に誇りと責任をもって、自らの人間性と専門性の向上に努め、一人ひとりの子どもを心から尊重し、次のことを行います。

　　私たちは、子どもの育ちを支えます。
　　私たちは、保護者の子育てを支えます。
　　私たちは、子どもと子育てにやさしい社会をつくります。

（子どもの最善の利益の尊重）
１．私たちは、一人ひとりの子どもの最善の利益を第一に考え、保育を通してその福祉を積極的に増進するよう努めます。
（子どもの発達保障）
２．私たちは、養護と教育が一体となった保育を通して、一人ひとりの子どもが心身ともに健康、安全で情緒の安定した生活ができる環境を用意し、生きる喜びと力を育むことを基本として、その健やかな育ちを支えます。
（保護者との協力）
３．私たちは、子どもと保護者のおかれた状況や意向を受けとめ、保護者とより良い協力関係を築きながら、子どもの育ちや子育てを支えます。
（プライバシーの保護）
４．私たちは、一人ひとりのプライバシーを保護するため、保育を通して知り得た個人の情報や秘密を守ります。
（チームワークと自己評価）
５．私たちは、職場におけるチームワークや、関係する他の専門機関との連携を大切にします。
　　また、自らの行う保育について、常に子どもの視点に立って自己評価を行い、保育の質の向上を図ります。
（利用者の代弁）
６．私たちは、日々の保育や子育て支援の活動を通して子どものニーズを受けとめ、子どもの立場に立ってそれを代弁します。
　　また、子育てをしているすべての保護者のニーズを受けとめ、それを代弁していくことも重要な役割と考え、行動します。
（地域の子育て支援）
７．私たちは、地域の人々や関係機関とともに子育てを支援し、そのネットワークにより、地域で子どもを育てる環境づくりに努めます。
（専門職としての責務）
８．私たちは、研修や自己研鑽を通して、常に自らの人間性と専門性の向上に努め、専門職としての責務を果たします。

関して知り得た秘密を漏らしてはならない）が規定され、違反すると保育士登録の取り消しなどが行われる。

そしてこれらの背景から、全国社会福祉協議会、全国保育協議会、全国保育士会の三者により、2003（平成15）年2月26日に「全国保育士会倫理綱領」がまとめられ採択された（表9-1）。

内容は、基本原則として、「子どもの最善の利益の尊重」をまず最初にかかげて、以下、「子どもの発達保障」「保護者との協力」「プライバシーの保護」「チームワークと自己評価」「利用者の代弁」「地域の子育て支援」「専門職としての責務」をあげている。

今後、さらなる保育士の質の向上と倫理性の確立が求められるであろう。

2．新しい理念「権利擁護」の必要性

日本ソーシャルワーカー協会による倫理綱領や全国保育士会倫理綱領の精神にもみられる「権利擁護」の必要性について考察してみる。

児童福祉施設は、子どもの権利条約批准、発効後（1989年国連採択、1994年日本国批准）、権利主体者として入所・利用する子どもをとらえるようになった。

そして、各地で子どもたちの「権利擁護」を行使するという新しい理念を基底するため、「ケア基準」や「権利ノート」などが作成された（北海道養護施設ケア基準、大阪府権利ノート、栃木県権利ノート(p.50参照)など）。

しかし、一方で、この新しい理念である「権利擁護」についていけない一部の古い体質の施設で、子どもたちの権利侵害事件も多発した。

その後、制定後60年を経過した「児童福祉法」および「児童福祉施設の設備及び運営に関する基準」は、子どもたちと家庭を取り巻く環境の変化から改正され、新たに、名称変更や、目的として自立支援を付加し、懲戒にかかる権限の濫用禁止が制度化された。

また、社会福祉基礎構造改革が推進される中で、「社会福祉事業法」が「社会福祉法」へと改正され、利用者の利益保護、福祉サービスの質の向上が明確化され、苦情解決など権利擁護システムの構築化が新たに叫ばれるようになった。また、増加傾向にある児童虐待について、「児童虐待の防止等に関する法律」が成立し、虐待の定義、警察の介入が明文化され、児童福祉施設内の虐待にも適応されることになった。

その後、児童福祉法は、2016（平成28）年に改正され、主な改正ポイントとして、児童福祉法の理念の明確化があげられ、以下に示している。

第1条で児童福祉の理念を「全て児童は、児童の権利に関する条約の精神

にのつとり、適切に養育されること、その生活を保障されること、愛され、保護されること、その心身の健やかな成長及び発達並びにその自立が図られることその他の福祉を等しく保障される権利を有する」とし、児童の権利条約の精神が明確に謳われている。

　また、第2条で「全て国民は、児童が良好な環境において生まれ、かつ、社会のあらゆる分野において、児童の年齢及び発達の程度に応じて、その意見が尊重され、その最善の利益が優先して考慮され、心身ともに健やかに育成されるよう努めなければならない」とし、同じく児童の権利条約で重要なキーワードである児童の最善の利益（子どもの立場から何が最も良いことかを考慮してくれる世界）が謳われており、児童の権利が重要視された。

　さらに、第3条では、第1条「適切な養育を受け、健やかな成長・発達や自立等を保障される権利」と第2条「児童の最善の利益」の2つを児童の福祉を保障するための原理とし、この原理は、すべて児童に関する法令の施行にあたって、常に尊重されなければならないとしている。

　そして、2022（令和4）年に、児童福祉施設長における懲戒権の削除（法47条3項）、児童相談所や児童福祉施設における意見聴取（法33条の3の3）（2024（同6）年4月施行）へと法改正されている。

　このように、児童福祉施設を取り巻く新しい理念は、子どもの権利条約批准後、子どもの最善の利益に基づいた「権利擁護」を中心としたものになってきている。

　このことは、子どもたちの支援者である保育士にとってなくてはならない理念であり、重要な倫理の一つとなる。

2　支援者の専門性－現状と求められる条件

1．支援者（保育士）のタイプ別の現状と課題

(1)　児童福祉支援者における専門性とは

　一般的に、専門職の大切な条件として、知識、技術、価値観、社会的地位の4つがあるといわれている。

　それぞれの専門分野での知識、技術の習得と活用、新しい情報の判断材料になる価値観、そして職業倫理に基づいた社会的地位の向上が専門職意識を

高める。具体的には、表9－2にみられる業務と専門性が考えられる。

また千葉千恵美は、子ども家庭福祉の専門性について、次の3つを明言している[2]。

---

① 子どもの最善の利益や権利を最優先に考える価値観

② 公正公平な対応、対等な関係、非審判的態度などの職業倫理

③ プライバシー保護と守秘義務

表9－2 児童福祉の業務と専門性（知識および技術）

業　　　務	専　　門　　性（知識および技術）			
	知　　　識	技　　術（社会福祉援助技術）		
		個別援助技術（ケースワーク等）	集団援助技術（グループワーク等）	地域援助技術（コミュニティワーク等）
1　面接・診断（相談面接、社会診断） ・信頼関係の確立 ・問題の発見、分析 ・福祉ニーズの評価測定	・保育の心理学、カウンセリング等 ・児童家庭福祉、社会的養護、社会福祉等 ・子どもの保健、障害児教育、教育心理学等 ・保健医療関連知識	・個別面接技術 ・家族、経済状態等の調査方法 ・心理判定法、ADL評価方法 ・ケース記録法	・集団対応技術 ・グループ活動記録法	・地域調査法 ・地域援助活動記録法
2　支援プログラムの策定 ・支援プログラムの作成 ・専門機関等との連絡調整	・多様な社会資源の内容 ・地区学校等の連絡調整 ・保護者会の組織および活動内容 ・児童福祉施設、医療機関専門機関の内容	・ケースマネージメント ・家族関係等の調整技術 ・ケース記録法	・自助団体、保護者会等の組織化指導法 ・グループ活動記録法	・近隣住民等への支援体制づくり（ソーシャルアクション） ・地域援助活動記録法
3　具体的専門的支援の実施 ・福祉サービス等調整 ・ボランティア等の活用 ・クライアント、家族に対する心理的支援および生活指導	・各種制度の事務手続等の知識 ・ボランティア活動の概要 ・臨床心理 ・家族社会学	・ケースマネージメント ・ケース記録法	・レクリエーション指導法 ・グループ活動記録法	・地域のネットワークづくり ・ボランティア開発指導法
4　再評価 ・クライアントの適応状況とこれからの見通し ・支援プログラムの再検討	・アフターケア（相談、訪問等）	・支援プログラムの効果測定法 ・ケース記録法	・集団組織化の効果測定法 ・グループ活動記録法	・ネットワーク形成の測定法 ・地域援助活動記録法

出典　井上肇・野口勝己・赤木正典編『児童福祉要論』建帛社　2001年　p.149に筆者が加筆・修正

(2)　支援者のタイプ別の現状と課題

　ここで、児童福祉施設で子どもたちの支援者として直接かかわっている保育士を3つのタイプに分けて、それぞれの課題について専門性があるかないか考察してみよう。

①　「私は、施設（施設長）のために働いている」タイプ

　子どもたちや同僚、部下の意見よりも、常に施設（施設長）を優先しているタイプの保育士である。「私の言うことやることは、すべて施設（施設長）のため。だから、施設長が黒と言えば、そのものが白くても黒と言う。つまり、施設＝施設長が基本である。何が何でも最終的には、それが子どもたちのためになっている」という偏った管理主義的思考と施設（施設長）を笠に着た権威のもとで日常業務および保育をしている。

　また、このタイプが、施設内に数人存在し集団化すると子どもたちにとって非常によくない存在となる。

　このタイプは、対外的に施設長の参謀として多少評価されることもあるが、新しい情報や自分の意見はほとんどなく、発想も極めて貧困である。対内的には、孤立している場合が多く、同僚、部下や子どもたちからは陰で敬遠されている。

　そして、残念ながら本人は、そのことに気づいていない場合が多い。なぜなら、上司（施設長）の評価のみを受け入れており、同僚、部下や子どもたちからの評価は二の次であるからである。

　ゆえに、このタイプは、専門性の向上や、支援者として子どもの権利擁護を理解しようという気風などは、施設（施設長）が考えていない限りまったく高まらないであろう。

②　「私は、子どものために働いている」タイプ

　常に、子どもの側の立場でいると他者には誇示しているが、実際は、周りが見えてなく、世話のやき過ぎや子どもたちに対して不公平であったり、すべてが自己中心的にまわっているタイプの保育士である。「私は、子どもたちのために、ある面自分を犠牲にしてまで働いている。子どもたちが、この施設でよりよい生活を送るには、ほかの子どもたちや職員とよい関係をつくるより、まず、私との関係をうまくとれるか否かにかかっている」という非常に自己中心的な発想のもとに日常業務および保育をしている。

　本人は、「経験と勘の名人芸」をモットーとし、自分の意のままになる小さな世界（スモールワールド）をつくっており、その世界には、施設長も口を出せない状況になっている[3]。

　ゆえに、施設内外を問わず感性が完全にマヒしており、お気に入りの子ど

もには偏った支援をするが、そうでなかったら大変である。

　自分が気に入れば、新しい情報や理念を理解するが、そうでない場合は、まったく受けつけず、当然のごとく専門性の向上はみられないし、期待できない。

③　「私は、児童福祉施設の専門職として働いている」タイプ

　常に、児童福祉施設の専門職としてどうあるべきかを研鑽していて、子どもたち、また施設から望まれる職員像をめざしているタイプである。「私は、児童福祉施設の専門職であるという意識のもとに、日々、業務および保育をしている。一般的に、専門職にとって大切なものは、知識、技術、価値観、社会的地位といわれているので、常にそのことを頭に入れて自己研鑽している。そして、子どもたち、また施設から望まれる職員像とは何かを常に前向きに考察している」。つまり、ソーシャルワーカーやチャイルドケアワーカーとして日常業務および保育をしているタイプである。

　常に、多忙な日常業務をこなしながら、施設内外を問わず児童家庭福祉に対する知識、技術を向上させ、ともすれば閉鎖的になりがちな自分の価値観を少しでも広げ、常に社会的地位を意識して、公私関係なく行動している。かといって、独りよがりではなく、子どもたちから、また施設全体としてどのような職員が望まれているのかを謙虚に考えてチェックをしている。

　以上、３つに大別した。

　①は、主任保育士に時々みられ、職員配置基準では認められていない副施設長にも時々みられるタイプである。

　本人は、それでよかれと思っているが、その下で働いている職員や生活している子どもたちにとっては施設長以上に厄介なものとなっている。

　②は、主任等の管理職にはつかず、またなれず、ただ長年施設に勤めている保育士に時々みられる。

　本人は、経験主義一本、かつ社会的視野が狭いため、今の施設でしか通用せず、ほかの施設や職場には適応できない現状がある。ほかの職員や子どもたちとの関係も、あくまで自分中心であるので組織的行動や活動はまったくできない。

　③は、新進気鋭の保育士によくみられる。彼らは、大学、短大、保育士養成所で、最新の社会福祉と保育を勉強し、本人のみならず、子どもたちおよび施設に夢と希望をもって日常業務に就いている。最近注目すべきうれしいこととして、施設職員の中堅クラスの若手層に、このタイプが増えてきているということである。

　具体的には、保育士資格以外に社会福祉士を取得していたり、ほかの福祉に関する資格などの取得希望をもって、業務をしながら勉学している職員に

多々みられる。

　理由としては、常日頃、児童福祉施設の専門職として現場（フィールドワーク）をそつなくこなし、さらに自己研鑽するために、知識、技術の向上や価値感の拡大を肯定的に考えていることが、彼らを大きく前進させているからであろう。

　もちろん、この③のタイプの保育士が児童福祉施設に一人でも増えることを願わずにはいられない。そして、このことを何よりも願っているのは、子どもたちであることも付け加えたい。

2．支援者に求められる条件とは

(1)　支援者に求められる6つの条件

　社会福祉施設にかかわるソーシャルワーカー（保育士を含む）の一定の条件として、アメリカのゴールドン・ハミルトンやシャーロット・トールは、3つの条件をあげている。

　それは、3つのHといわれ、Heart（温かい心）、Head（冷たい頭）、Hand（優れた技能）として表現された。

　1987（昭和62）年の社会福祉士及び介護福祉士法制定後、この新しい資格に対応できる条件として、岡本民夫は、この3つのHに、2つのH、Human relationship（人間関係）とHealth（健康）を加えて5Hとし、社会福祉施設にかかわるソーシャルワーカーに要求される条件とした。

　ここで筆者は、21世紀になり、先述した子どもの最善の利益に基づいた「権利擁護」の新しい理念に対応できる条件として、5Hにもう1つ、Human rights（人権）を付加し、全部で6Hと考えた。

(2)　6Hを備えた保育士・ソーシャルワーカー

　ここで、岡本民夫『福祉職員―研修のすすめ方』を参考にして、この6Hを説明する。

　① Heart（温かい心）

　温かい心というのは、社会福祉施設にかかわる保育士やソーシャルワーカーの前提条件であって、温かく、かつ思いやりの心をもって利用児・者にかかわっていくことである。利用児・者の立場や心の痛みが理解できない人が、社会福祉施設職員であったなら、間接的な一般業務はできるが、心の治療を要する利用児・者に直接対応をするとき、信頼関係が築けずさまざまな

問題が生じるであろう。ゆえに、温かい心というのは保育士やソーシャルワーカーの基本的な重要条件である。

② Head（冷たい頭）

では、社会福祉は温かい心さえあれば誰にでもできるかというと、それは必要条件であって十分条件ではない。

被虐待児童の生々しい心の傷を目の前にして、早くなんとかしなければと奮い立つが、あえて落ち着き、粘りのケースワークによって虐待者と被虐待児童との関係調整が必要とされる場合が多々ある。また、一般的に社会福祉は科学に裏打ちされた支援であり、実践科学でなければならないといわれている。そのためには、常に冷静な目で利用児・者を客観的に理解し、認識する能力ももたねばならない。

つまり温かい心も必要であるが、他方では利用児・者の状態やニーズを冷静かつ客観視する能力（Head）も備えなければならない。

③ Hand（優れた技能）

ソーシャルワーカーにとってHand（優れた技能）とは、利用児・者に対して具体的に支援を実行できる手腕をもっていることである。

特に、社会福祉施設においては、援助技術を知識として理解できても、それが具体的に応用、実行できるものでなくてはならない。すなわち、援助技術を頭の中で理解できていても、実践できなければ意味がないのである。

確かに、大学、短大、養成所で学んだこと、そして保育士やソーシャルワーカーになってからさまざまな研修会で学んだことを知的に理解して「会得」することはできる。しかし、保育士やソーシャルワーカーなら、それを具体的に応用し、実行できるように十分に「体得」することが極めて重要な条件であろう。

④ Human relationship（人間関係）

社会福祉施設にかかわる保育士やソーシャルワーカーにとってHuman relationship（人間関係）は２つ考えられる。１つは利用児・者との関係、もう１つはソーシャルワーカー同志の関係である。

ここでは、誰にでも好かれる八方美人の保育士やソーシャルワーカーを求めていない。人間関係をうまくとれるコツを備えている人を指している。もちろん、利用児・者との関係がうまくとれなければ専門職として失格であるが、それ以上にむずかしいのが、実は保育士やソーシャルワーカー同志の人間関係である。

たとえば、一般企業なら、嫌な上司、同僚がいたら、業務の差し支えがない程度に、最低限の関係をとればよいであろうし、部署の人事異動などによ

り、いつかは彼らと顔を合わす必要がなくなるであろう。しかし、社会福祉施設は、一般企業と違って、少ない職員集団で業務をしており、利用児・者に一貫した支援を求められているため、嫌な上司、同僚がいてもうまく人間関係をつくらねばならない。そうでないと、利用児・者が迷ってしまうのである。まして、1法人1施設が多い中、企業のような人事異動は考えられないので同じ顔ぶれが長く続くことがある。つまり、社会福祉施設では、小さい集団でうまく人間関係がとれるコツを備えている保育士やソーシャルワーカーが求められる。

⑤　Health（健康）

心身のHealth（健康）は、社会福祉施設の保育士やソーシャルワーカーに限らず、あらゆる職場において必要とされる。とりわけ、社会福祉施設では、明確な作業手順がある自動車やコンピューターの組み立てと違って、それぞれ個別の利用児・者を相手にしているので、決まった手順や思った通りの結果は出てこない。それゆえ、精神的ストレスも過大になり、燃えつき現象（Burn-out）を生じ、スーパービジョンを受ける必要が多くなる。

保育士やソーシャルワーカーにとって、身体的健康はもちろん大切であるが、精神的健康を保持できる自己管理力を備えることも重要な条件であろう。

⑥　Human rights（人権）

21世紀になり、社会福祉施設、とりわけ児童福祉施設の保育士、児童指導員にもっとも備えてほしい条件にあげられるのがHuman rights（人権）意識と感覚である。先述した子どもの最善の利益をもとにした新しい理念としての「権利擁護」を軸とし、社会福祉施設利用児・者の日常生活を支援する保育士、児童指導員がこれから求められる人材である。

研鑽方法として、権利擁護に関する研修会などで研鑽する手段もあるが、保育士やソーシャルワーカーとしてのHuman rights（人権）感覚について、常に鋭く意識することが何よりも大切である。

3　チームワークとスーパービジョン

1．チームワーク

施設内の業務において、保育士個人と子どもたちとの関係場面があるが、施設全体で組織的チームを組んで子どもたちを支援していかなければならな

い場面がある。その際に、必要とされるのが「チームワーク」なのである。

　この場合、ただ単に仲良く業務をしている状態、つまり、曖昧な仲良しグループの状態をいっているのではない。

　そのチームの目標に向かって、専門職としてお互いが刺激し合い、言わなければならないことは明確に伝え、反省すべきところは反省し、支援し合う状態のことを指している。

　チームワークとは、「皆が同じような考え方で同じ方向・目標に向かって一緒に動いていることを指すもの」[4]といえる。さらに、チームワークがとれている状態について次の5つがあげられる。

チームワークが有効に働く状態

> ①　チームメンバーが共通の目的意識をもっており、全体としての一体感がある。
> ②　コミュニケーションがよく、葛藤が起きても感情的対立まで至らない。
> ③　全員が自分の仕事の目標を明確に認識しており責任をもって仕事をしている。
> ④　施設内で取り決められたことを皆が守り、決定にも参画できる。
> ⑤　お互いに助け合う相互援助の気風がある。

　逆に、どのようなことがチームワークを乱すかについては、次のようなことがある。

チームワークを乱す状態

> ①　特定の個人が逸脱した行動をとる。
> ②　チームの目標達成に協力せず自分の関心事を優先させる。
> ③　チームのメンバーが異動したり、新しい人が入ってくる。
> ④　チーム内に派閥ができる。
> ⑤　目標が不明確であったり、数が多すぎる。
> ⑥　過去の慣行や慣例が根強く残っており、それに制約される。
> ⑦　リーダーの力量不足。リーダーシップの欠如。
> ⑧　会う時間が少ない。活動の時間がとれない。
> ⑨　リーダーの独断性が強く、メンバーの意向を聞かない。

図9－1　人間関係をよくする基本的態度

① 自分の立場で考える…自己確知をする。

② 相手の立場で考える…相手を理解する。

③ 第三者の立場で考える…客観的に判断する。

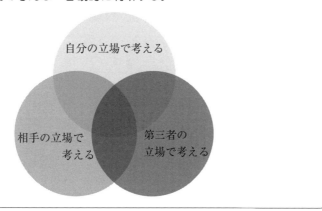

出典　福祉職員生涯研修推進委員会編『改訂 福祉職員研修テキスト 基礎編』全国社会福祉協議
　　　会　2002年　p.81

　このチームワークを生かす手段として、チーム内の「よい意味での人間関係」が重要視される。異なった性格の人、価値観の違う人とともに子どもたちの支援をする保育士にとって、施設内の人間関係をよくするには、図9－1のような基本的態度が大切とされている。

　そして、この人間関係がよくなり、施設内のチームワークの力が高まると、職員同士の連帯感が高まりさらに人間関係がよくなったり、働きがいや創造力が生まれ、施設の目標が達成されていくのである。

2．スーパービジョン

　子どもたちを支援する保育士は、むずかしい状況にある子どもたちなどに対応することにより、時に自分自身の考えや支援に対して自信がもてなくなったりする。また、子どもたちにとって好ましくない行動をとっていることに気づかず、そのまま支援していることもある。

　このようなときに、他者からの視点で、助言を得たり指摘を受けたりすることは、今後の支援活動をする上で非常に有効な手段となる。

　この場合、指摘や助言をする者をスーパーバイザー（supervisor）といい、受ける者をスーパーバイジー（supervisee）という。

　スーパービジョンとは、スーパーバイジーがスーパーバイザーと一定の契

約を結び、その契約に基づいて行う専門家としての養成訓練のプロセスのことをいう。施設でのスーパービジョンについては、図9－2のように施設長など組織の長の承認を得て行われることが望ましい。

図9－2　スーパービジョンの構造

組織の長の承認

スーパーバイザー　　スーパーバイジー

スーパービジョン

出典　福祉職員生涯研修推進委員会編『改訂　福祉職員研修テキスト指導編』全国社会福祉協議会　2002年　p.21

スーパービジョンの機能については、次の3つの機能がある。
① 　**管理的機能**…スーパーバイジーの能力を把握し、それに見合う業務を担当させる中で成長をはかれるように管理することをいう。
② 　**教育的機能**…すでに獲得している知識、技術の活用を促す方法を示唆したり、不足している知識を指摘し課題を示すことなどをいう。
③ 　**支持的機能**…スーパーバイジーが業務上でできていることを認めるとともにできていないことに気づき、取り組もうとする意志を励ますことをいう。

　特に、支持的機能をもつスーパービジョンは、福祉や看護の領域に多いバーンアウト・シンドローム（burnout syndrome：燃え尽き症候群）により、精神的疲労、無力感、頭痛などの身体的症状が生じている専門職の予防や支援に効果があるとされている。

　バーンアウト・シンドロームとは、「ソーシャルワーカーなどが、もっともよいと確信してきた方法で打ち込んできた援助活動、対人関係などが、まったくの期待はずれに終わることによりもたらされる精神的、身体的疲労や欲求不満が生じている状態」のことを指している。

　また、スーパービジョンの方法としては、スーパーバイザーとスーパーバイジーの1対1による「個人スーパービジョン」、スーパーバイザーが同じような課題をもつスーパーバイジー集団への支援を行う「グループスーパービジョン」などがある。今後の課題としては、スーパーバイザーの養成が求められている一方で、スーパーバイザー自身が能力を向上していく機会や研

修が少ない点があげられる。

〈引用・参考文献〉

1）仲村優一監　日本ソーシャルワーカー協会倫理問題委員会編『ソーシャルワーク倫理ハンドブック』中央法規出版　1999年

2）波田埜英治・辰己隆編『新版 保育士をめざす人の子ども家庭福祉』みらい　2019年

3）井上肇・野口勝己・赤木正典編『児童福祉要論』建帛社　2001年

4）福祉職員生涯研修推進委員会編『改訂 福祉職員研修テキスト 基礎編』全国社会福祉協議会　2002年

5）木下茂幸監、浅井春夫編『児童養護の変革―児童福祉改革の視点』朱鷺書房　1997年

6）岡本民夫『福祉職員―研修のすすめ方』全国社会福祉協議会　1988年

7）福祉職員生涯研修推進委員会編『改訂 福祉職員研修テキスト 指導編』全国社会福祉協議会　2002年

8）黒川昭登『スーパービジョンの理論と実際』岩崎学術出版社　1992年

9）黒木保博・山辺朗子・倉石哲也編『福祉キーワードシリーズ　ソーシャルワーク』中央法規出版　2002年

10）入江実・辰己隆『児童福祉―理論と実際』さんえい出版　1999年

11）小六法編集委員会編『保育福祉小六法　2023年版』みらい

12）全国社会福祉協議会編『新保育所保育指針を読む〔解説・資料・実践〕』全国社会福祉協議会　2008年

コラム　児童養護施設の保育士になって

　私は定員77名の児童養護施設で保育士をしています。保育士になることは小さい頃からの夢でしたが、児童養護施設に就職するとは全く考えていませんでした。しかし、大学の授業で初めて児童養護施設と虐待を受けている子どもたちの存在を知り、現場で働かれていた先生の経験談を聞くうちに、施設での保育士に憧れをもちました。そして、実習で実際に施設で生活している子どもたちとかかわり、子ども達が背負うものの大きさに驚き、職員の方々が子どもと向き合う姿を見て、自分も子どもたちを支えたいと思い、児童養護施設への就職を決めました。

　子どもたちを支えたいと就職したものの、やりがいを感じるようになるまでは時間がかかりました。今でも頭を悩ませることは多いです。子ども達の挑発にイライラしたり、暴言を吐かれ悲しくなったり、何度伝えても伝わらず虚しさを感じたり。日々、子どもたちの起こすトラブルに追われ、しんどくて大変という思いがあります。

　しかし、日常の何気ない時間の中に魅力があります。児童養護施設は、子どもたちの生活の場であり、学校や幼稚園などよりも長い時間を過ごしているため、ともに過ごす時間が多く、その分いろいろな姿が見られ、さまざまなかかわりも生まれます。冗談を言い合い大笑いしたり、困った時に頼りにされたり、授業参観で私の顔を見ると安心した表情をしたり、ずっと伝えてきたことが伝わっていると実感したり。どのような些細なことでも、その中に楽しさや嬉しさはあるのです。私はそれが分かると、辛いことよりも断然楽しいことが増えました。これが、子どもたちと長時間かかわることのできるこの仕事の魅力です。

　もう1つこの仕事の魅力としてあげられることは、同じ子どもを長い期間で支援していくことができることです。子どもたちが社会に出たときに向け、今の姿から、もっと生きやすくなるにはどうしたら良いのか、本人に伝えたり、一緒に話し合ったりしています。先を見据えた目線をもち支援するため、むずかしい点が多いですが、子どもたちの将来のために何かできるということは、とてもやりがいのあることです。

　けれども、いつもうまくいく支援ばかりではなく、試行錯誤の日々です。今日試して成功しても、翌日はダメだったということも多々あります。それは、子どもたちにも心があり、毎日変化しているからです。

　子どもたちは毎日全力でぶつかってきます。就職したばかりの頃、「どうせ先生もすぐ辞めるのとちがう」と言われたことがありました。他にもドキっとするような言葉や行動を見せます。大学生の時、このような子どもの姿を「試し行動」と学びました。でも、実際に施設で働いていると、その言葉で片づけて欲しくないと思うようになりました。子どもたちは純粋で素直です。さらに、施設で生活している子どもたちは、背景にあるものが大きいため、繊細で臆病な面ももっていますし、それを隠そうと必死になっている子どももいます。だからこそ、「試し行動」という言葉にはとらわれず、どのようなことにでも動じず、受け止め向き合っていきたいと思っています。あわせて、好きだよ・大切だよという気持ちも惜しみ

なく伝えるようにしています。すると、安心する表情を見せる子どもたちが増えました。やはり、求めているものは誰かに大切にされているという感覚なのです。

　また、働く中で、子どもたちの力の大きさを感じることがよくあります。保育士として私が支える立場なのに、支えられることもとても多いです。家族と離れて生活するという、辛いことを経験しているにもかかわらず、明るく楽しく過ごしていて、本当に強いです。だから私は、その子どもの力を信じながら、支えていきたいです。そして私たちの支援が、子どもたちが笑って過ごせる毎日につながれば良いと願っています。

（児童養護施設・保育士　小野田　由佳）

索　引

改訂　保育士をめざす人の社会的養護Ⅰ

2024年3月1日　初版第1刷発行

編　　　集	辰　己　　　隆・波田埜　英　治
発　行　者	竹　鼻　均　之
発　行　所	株式会社みらい
	〒500-8137　岐阜市東興町40番地　第5澤田ビル
	電　話　058-247-1227㈹
	https://www.mirai-inc.jp/
印刷・製本	サンメッセ株式会社

ISBN978-4-86015-612-1　C3036
Printed in Japan　　　　　　　　乱丁本・落丁本はお取り替え致します。

　株式会社みらい　https://www.mirai-inc.jp/

〒500-8137　岐阜市東興町40番地　第五澤田ビル
TEL（058）247-1227（代）　FAX（058）247-1218